LOW CARB ABENDESSEN

Bibliografische Information der Deutschen Nationalbibliothek:
Die Deutsche Nationalbibliothek verzeichnet diese Publikation in der Deutschen Nationalbibliografie.
Detaillierte bibliografische Daten sind im Internet über http://d-nb.de abrufbar.

Für Fragen und Anregungen
info@rivaverlag.de

Sonderausgabe für Weltbild GmbH & Co. KG,
Werner-von-Siemens-Str. 1, 86159 Augsburg

Nymphenburger Straße 86
D-80636 München
Tel.: 089 651285-0
Fax: 089 652096

Die englische Originalausgabe erschien 2017 bei Bauer Media Books, Australien, unter dem Titel *Low Carb Dinners*. This edition published by arrangement with Bauer Media Pty Limited. First published in Australia in 2017 by Bauer Media Pty Limited under the title *Low Carb Dinners*.

Übersetzung: Maria Mill
Redaktion: Carmen Söntgerath für bookwise medienproduktion GmbH, München
Umschlaggestaltung: Laura Osswald, in Anlehnung an das Originalcover
Umschlagabbildungen und Abbildungen im Innenteil: James Moffatt
Foodstyling: Olivia Blackmore
Satz: bookwise medienproduktion GmbH , München; Andreas Linnemann, München
Druck: Firmengruppe APPL, aprinta Druck, Wemding
Printed in Germany

ISBN Print 978-3-8289-2915-9

2021 2020 2019
Die letzte Jahreszahl gibt die aktuelle Sonderausgabe an.

LOW CARB ABENDESSEN

Die besten Rezepte

Weltbild

INHALT

LOW CARB FÜR IMMER

Wie man sich richtig ernährt – um gesund zu bleiben oder um abzunehmen und gesund zu werden –, das ist die große Frage, auch für die Ärzteschaft und das Gesundheitswesen insgesamt. Und an Antworten mangelt es nicht.

Bis vor Kurzem galt die fettarme Diät als Goldstandard auf dem Gebiet der Ernährung. Die Theorie dahinter ist ziemlich simpel: Jedes einzelne Gramm Fett enthält etwa doppelt so viele Kalorien wie ein Gramm Protein oder Kohlenhydrate, sodass eine Einschränkung des Fettkonsums bedeutet, dass man mehr Kalorien für Kohlenhydrate oder Eiweiß zur Verfügung hat. Nicht ganz so einfach wie die Theorie ist bei dieser Ernährungsweise die Durchführung. Da fettarme Lebensmittel in der Regel nicht so gut schmecken, musste die Lebensmittelindustrie einen Weg finden, den Light-Produkten Geschmack zu verleihen. Die Lösung: Zucker, raffinierte Kohlenhydrate und ein ganzes Arsenal von anderen Zusatzstoffen, die letztlich dann eine gegenteilige Wirkung auf unsere Taille haben. Eine weitere Schwierigkeit bei fettarmen Diäten ist die ungeheure Willenskraft, die man braucht und die nur wenige aufbringen; in der Regel bleiben wir hungrig und anfällig gegenüber all den Ver suchungen, die wir eigentlich meiden wollen. Es leuchtet ein, dass es bei solchen Diäten leicht zu einem Jo-Jo-Effekt kommt.

Das ist bei einer kohlenhydratarmen oder Low-Carb-Diät ganz anders. Um das

Prinzip dieser Ernährungsform zu begreifen, muss man die Funktion der Kohlenhydrate für unseren Körper verstehen. Carbs, englische Kurzform für Kohlenhydrate, gehören zu den Makronährstoffen, die der Körper benötigt, um richtig zu funktionieren; die wichtigsten Makronährstoffe sind Kohlenhydrate, Eiweiß und Fett. Kohlenhydrate stellen nicht nur Energie in Form von Glukose bereit (die zur Versorgung von Organen, Gewebe, Gehirn und Muskeln benötigt wird), sie unterstützen auch die Absorption von Kalzium – wichtig für starke Knochen – und fördern die Entwicklung einer günstigen Darmflora. Es gibt zwei Hauptformen: einfache Kohlenhydrate (Süßigkeiten, Softdrinks, verarbeitete Lebensmittel und kohlenhydratreiche Früchte), die im Körper rasch in Glukose aufgespalten werden, sowie komplexe Kohlenhydrate (Vollkorngetreide und Gemüse), deren Aufspaltung länger dauert und die uns ein Sättigungsgefühl geben und eine Reihe weiterer notwendiger Nährstoffe liefern. Low Carb steht für eine Ernährung, die arm an raffinierten Kohlenhydraten ist (also für eine Einschränkung all der Lebensmittel, die raffinierten Zucker, Weißmehl oder hochglykämische Stärke enthalten) sowie arm an Nahrungsmitteln, die industriell verarbeitet und häufig reich an gesättigten Fetten sind. Diese Lebensmittel besitzen nur geringen Nährwert. Es gibt zunehmend Belege, dass eine Ernährung mit wenig Kohlenhydraten bei der Gewichtsabnahme erfolgreicher ist als fettarme Diäten. Eine Low-Carb-Diät beruht zunächst auf der Theorie, dass man den Körper durch Zufuhr geringerer Mengen an raffinierten Kohlenhydraten dazu zwingt, mehr Fett zu verbrennen. Ferner soll der Konsum von Fett die Verdauung verlangsamen – die Nahrungsmittel bleiben länger im Magen und brauchen länger, um aufgespalten und absorbiert zu werden. So fühlt man sich weniger hungrig. Hinzu kommt die appetitzügelnde Wirkung von Proteinen, die in vermindertem Kalorienkonsum resultiert und zu Gewichtsabnahme führen kann. So kann der Umstieg auf Low Carb – auch ohne den bewussten Versuch, weniger zu essen – dazu führen, dass man weniger Kalorien zu sich nimmt.

WAS SOLLTEN SIE ESSEN?

Es gibt kein Rezept für alle, darüber sollte man sich klar sein. Alter, Geschlecht, Gesundheitszustand und sportliche Aktivität – all das wirkt sich auf unseren Energiebedarf aus und folglich auf den Bedarf an Nährstoffen. Abgesehen davon, ist die beste Ernährungsweise grundsätzlich eine, die vollwertige Lebensmittel bevorzugt: eine ausgewogene Mischung aus magerem Eiweiß, komplexen Kohlenhydraten und guten Fetten, durch die man sich nicht belastet fühlt und bei der man folglich lange bleiben kann.

EMPFOHLENE NAHRUNGSMITTEL

Kohlenhydrate Bevorzugen Sie Vollkornprodukte und schränken Sie raffinierte Lebensmittel (wie etwa Weißmehl) ein.

Proteine Wählen Sie mageres Eiweiß – Fleisch von frei laufenden Hühnern, Schweinen oder Weiderindern. Achten Sie bei Fisch und Meeresfrüchten auf Nachhaltigkeit und einen gewissen Anteil an fettreichen Fischen. Vegetarier können ihren Eiweißbedarf durch Eier, Hülsenfrüchte, Soja, Vollkornprodukte, ungesüßten Vollmilchjoghurt, Kefir, Nüsse und Samen decken.

Gemüse Füllen Sie Ihren Teller mit reichlich buntem Gemüse, und zwar mit einer Mischung aus mehr oder weniger stärkehaltigen Sorten. Süßere festfleischige Gemüse wie Süßkartoffeln enthalten im Allgemeinen mehr Kohlenhydrate, während Gemüse mit hohem Wassergehalt oder auch Kohl eher kohlenhydratarm sind.

Obst gilt manchen als Sündenfall in einer Low-Carb-Diät. Bei einem ausgewogenen Ansatz kann man es aber in Maßen genießen. Wenn es auch mehr Kohlenhydrate enthält als stärkearme Gemüse, so doch auch beträchtlich weniger als Brot oder Pasta, und Früchte bieten zusätzlich den Bonus von Ballaststoffen, Vitaminen und Antioxidantien. Die meisten können – je nachdem, wie aktiv sie sind und wie viel sie abnehmen wollen – Obst in ihre tägliche Ernährung integrieren und dennoch eine Low-Carb-Diät einhalten. Bevor man aber nach einer Banane greift, sollte man wissen, dass sich der Kohlenhydratgehalt von Früchten stark unterscheidet: Die Wassermelone gehört zu den kohlenhydratärmsten, der Apfel liegt im mittleren Bereich, und die Banane ist reich an Carbs. Überlegen Sie deshalb immer, ob es Ihnen vielleicht besser bekommt, mehr Low-Carb-Gemüse zu essen und sich satter zu fühlen, als nach einem Stück Obst zu greifen.

Nüsse und Samen sind besonders nützlich bei einer vegetarischen Low-Carb-Diät. Sie enthalten viel Fett, aber von der gesunden Sorte. Außerdem strotzen Sie vor Proteinen, Mineralien und anderen Nährstoffen.

GEWOHNHEITEN VERÄNDERN

Bewegungsarmut im Verein mit einer Ernährung, die reich ist an raffinierten Kohlenhydraten kann zu Gewichtszunahme und Gesundheitsproblemen führen. Umgekehrt können ein paar einfache Änderungen des Lebensstils durch Ernährung und mehr körperliche Bewegung das Risiko für viele chronische Krankheiten (Diabetes, Herz-Kreislauf-Erkrankungen, sogar Krebs) senken. Auch durch kleinste Veränderungen ist viel zu gewinnen.

KLEIN ANFANGEN

Vor allem wenn Sie erkannt haben, dass ein echter Neustart vonnöten ist, sollten Sie Ihre Ernährung allmählich in kleinen Schritten umstellen. So stärken Sie Ihr Selbstvertrauen, indem der positive Effekt der Veränderung spürbar wird. Das hilft Ihnen durchzuhalten.

STRATEGIEN ENTWICKELN

Süßes und zuckerhaltige Getränke können bei häufigem Konsum einen gewaltigen Kohlenhydrat-Überschuss erzeugen, der zu Gewichtszunahme führt und die besten Absichten untergräbt! Wer eine Schwäche dafür hat, muss als Erstes eine Strategie entwickeln, um Häufigkeit und/oder Menge herunterzufahren.

Als Nächstes ersetzen Sie die ungesunden durch gesunde Snacks (ein halbe Tasse Low-Carb-Obst wie Beeren, eine Handvoll Nüsse, ein gekochtes Ei, Hummus und rohes Gemüse oder Naturjoghurt). Ein Frühstück ist wichtig und regelmäßige Mahlzeiten, damit man nicht am Nachmittag in ein Formtief fällt oder nachts den Kühlschrank plündert.

AUFS „ZISCHEN“ VERZICHTEN

Wem es schwerfällt, auf Softdrinks zu verzichten, sollte sie mit immer mehr Mineralwasser verdünnen, um sich an einen weniger süßen Geschmack zu gewöhnen. Als Ersatz eignet sich Mineralwasser, mit Zitrusschale, frischer Minze, Gurkenscheiben oder Vanilleextrakt versetzt. Auch auf Tees mit ihren vielfältigen Aromen ist Verlass. Im Sommer füllt man den Kühlschrank mit geeistem Tee. Und wenn einem im Winter mal nach gesüßtem Tee ist, Stevia probieren oder auf einen tanninfreien Kräuteraufguss umsteigen.

WIE STEHT ES MIT ALKOHOL?

Die meisten alkoholischen Getränke sind reich an Kohlenhydraten. Weißwein und Schnäpse enthalten aber sogar weniger davon als Low-Carb-Bier; und wenn es Bier sein muss, ist eines mit niedrigem Alkoholgehalt die beste Wahl. Wer abnehmen will, sollte die Alkoholkalorien lieber für Dinge aufsparen, die den Körper mit Nährstoffen und Energie versorgen.

SELBST KOCHEN

Häufiger ohne Fertigprodukte und mit vollwertigen Lebensmitteln selbst zu kochen ist eine der einfachsten und positivsten Veränderungen, durch die wir unsere Ernährung verbessern können. So übernehmen wir selbst die Kontrolle über unser Essen und können weglassen, was wir nicht brauchen.

MENÜPLANUNG

Was gutes Essen angeht, ist Vorbereitung der Schlüssel zum Erfolg. Machen Sie einen Plan für die ganze Woche. Nutzen Sie das Wochenende, um sich für die kommende Woche einen Vorsprung zu verschaffen. Kochen Sie das Abendessen für den Montag vielleicht schon am Sonntag. Stellen Sie sich Tabletts mit trockenen – möglichst schon abgewogenen – Zutaten für jede Mahlzeit der Woche bereit. Durchforsten Sie Rezepte nach Arbeiten, die man im Voraus erledigen kann, zum Beispiel das Schneiden von Gemüse. Den Vorrat einfach in Frischhaltetüten oder -dosen im Kühlschrank aufbewahren.

UNSERE REZEPTE

Die Gerichte in diesem Buch basieren auf magerem Fleisch, Fisch und pflanzlichen Proteinen, was der Gesundheit dient und auch die Gewichtsreduktion unterstützen kann. Auf lange Sicht können Low-Carb-Diäten mit Ballaststoffmangel einhergehen oder durch zu hohen Eiweißkonsum die Nieren belasten. In unseren Rezepten wurde das Fleisch durch eine Fülle pflanzlicher Lebensmittel, Ballaststoffe und komplexe Kohlenhydrate ergänzt, um sowohl die Sättigung wie auch den Faseranteil und den Nährstoffgehalt zu verbessern und so vollwertige und ausgewogene Mahlzeiten zu bieten.

Unser Buch gliedert sich in folgende Kapitel:

Gemüsenudeln und Reis
Normalerweise enthält eine Low-Carb-Diät weder Reis noch Nudeln, doch es gibt eine ganz Reihe fantasievoller Methoden, diese durch Gemüse zu ersetzen. Blumenkohl, Brokkoli und Grünkohl können für Pilaf, Risotto, Taboulé und Ähnliches in „Reis“ verwandelt werden. Andere Gemüsesorten lassen sich in die Form von „Nudeln“ bringen.

Pizza, Tartes und Co.
Während traditionelle Versionen mit Weißmehl und gesättigten Fetten nicht in Frage kommen, können Gemüse, Samen und Nüsse die Lücke füllen, um köstliche Böden zu machen, sodass keiner auf seine geliebte Pizza verzichten muss.

Salate
Dieses Kapitel ist prall gefüllt mit vollständigen Mahlzeiten in einer Schüssel, die uns auf gesunde Art mit einem Mix aus Eiweiß und vielen pflanzlichen Zutaten sättigen.

Suppen und Eintöpfe
In den kühleren Monaten können Sie auf Ihre Essensvorbereitungen am Wochenende noch eins draufsetzen: Doppelte Mengen an Suppe kochen und was übrig bleibt einfrieren, damit Sie es unter der Woche leichter haben – und nie auf ungesunde Alternativen zurückgreifen.

Grill- und Ofengerichte

Werfen Sie den Grill an für unsere Burger und Steaks. Sparen Sie sich das Brot für die Burger und freunden Sie sich mit pflanzlichen Alternativen an, zwischen die Sie Ihr Protein klemmen können – Süßkartoffel, Aubergine und Salat sind gute Optionen. Oder probieren Sie als federleichte Brötchen-Alternative unsere Wolkenbrot-Semmeln (S. 93). In den Wintermonaten wird öfter der Backofen eingeschaltet. Auch wer kein Vegetarier ist, sollte ein, zwei fleischfreie Tage in der Woche einlegen, und bei einem herzhaften Ofengericht wird niemand das Gefühl haben, dass ihm etwas fehlt.

LEBEN MIT LOW CARB

Bei jeder Veränderung der Ernährung sollten Sie vorher ärztlichen Rat einholen, insbesondere wenn Sie schwanger sind oder stillen, wenn Sie krank sind oder im höheren Lebensalter. Wenn wir mit vollwertigen Lebensmitteln für uns selbst ausgewogen kochen, wird dies unsere Gesundheit und unser Wohlbefinden fördern. Der Schlüssel zum Erfolg liegt in einer möglichst praktischen Vorgehensweise: Wenn man sich seit Langem auf eine bestimmte Weise ernährt, lässt sich eine plötzliche Richtungsänderung nur schwer durchhalten. Nehmen Sie sich also genügend Zeit. Frohes Kochen und Essen – und bewegen Sie sich!

Gemüse-NUDELN und REIS

BLUMENKOHL-SUSHI MIT LACHS UND EINGELEGTEM DAIKON-RETTICH

ZUBEREITUNGS- UND GARZEIT 50 MINUTEN (PLUS KÜHLZEIT) **ERGIBT** 6 ROLLEN

Mit der Zubereitung 8 Stunden im Voraus beginnen. Es wird eine Sushi-Matte benötigt.

- 1 kg Blumenkohl, in Röschen geteilt
- 2 EL Kokosöl
- 80 ml gewürzter Reisessig für Sushi-Reis
- 300 g Lachs in Sashimi-Qualität (am Stück)
- 1 große Avocado (320 g)
- 6 Nori-Algenblätter
- 6 Frühlingszwiebeln, nur grüne Teile
- 100 g Mayonnaise
- 40 g Sesamsamen, geröstet
- 2 EL Tamari
- 1 TL Wasabi-Paste
- eingelegter rosa Ingwer (nach Belieben)

EINGELEGTER DAIKON-RETTICH

- 250 ml Sake
- 250 ml Reisessig
- 80 ml heller Agavensirup
- 2 TL Meersalzflocken
- ½ kleiner Daikon-Rettich (200 g), geschält und in streichholzgroße Stifte geschnitten

1 Den Daikon-Rettich einlegen.
2 Den Blumenkohl in zwei Portionen in den Mixer geben und hacken, bis er Reiskörnern ähnelt. Kokosöl in einer Pfanne erhitzen, Blumenkohl unter Rühren etwa 3 Minuten bei mittlerer Temperatur garen, aber nicht bräunen. Sushi-Essig einrühren. Den Blumenkohl auf einer großen Platte verteilen und für 20 Minuten in den Kühlschrank stellen.
3 Inzwischen den Lachs in lange Streifen, die geschälte und entsteinte Avocado in dünne Spalten schneiden.
4 Sushi-Matte auf die Arbeitsfläche legen. Ein Nori-Blatt nahe dem unteren Rand der Matte platzieren. Ein Sechstel des Blumenkohls daraufpressen, dabei oben etwa 5 cm frei lassen. Jeweils ein Sechstel von Lachs und Avocado in einem Streifen quer darauf anordnen, ebenso Frühlingszwiebeln, Mayonnaise und eingelegten Rettich. Mit 1 TL der Sesamsamen bestreuen.
5 In den Blumenkohl oben und unten eine Furche drücken. Zum Aufrollen die untere Kante umschlagen, andrücken. Die Finger in kaltes Wasser tauchen, Nori-Rand befeuchten, dann weiterrollen, bis alles gut eingeschlossen ist. Die Rolle einige Male in der Matte zwischen den Händen rollen, bis sie eine schöne, gleichmäßige Form hat. Auf ein Brett legen. Die Oberseite der Rolle mit etwas Wasser befeuchten und mit 1 TL Sesamsamen bestreuen. Die Matte abwischen, dann die restlichen Zutaten genauso verarbeiten.
6 Jede Rolle in fünf Stücke schneiden (nicht dünner, da Blumenkohl nicht so stabil ist wie Reis). Mit Tamari und Wasabi-Paste servieren, dazu nach Belieben eingelegten Ingwer reichen.
Eingelegter Daikon-Rettich Sake, Essig, Agavendicksaft und Salz in einer Schüssel verrühren, Daikon hinzufügen. Abdecken und 8 Stunden oder über Nacht kalt stellen.

Nährwerte pro Rolle Fett 38 g (gesättigte Fettsäuren 12 g), Brennwert 2452 kJ (586 kcal), Kohlenhydrate 28 g, Protein 18 g, Ballaststoffe 6 g
Tipps Wer keinen Mixer hat, kann den Blumenkohl auch reiben. Eiskaltes Wasser zum Eintauchen der Hände bereitstellen. Für die Füllung können Sie natürlich auch zu Ihren Lieblingszutaten greifen.
Vorbereiten Der eingelegte Daikon hält sich im Essigsud mehrere Wochen. Er passt zu Ramen, asiatischen Salaten und Reis.

ZUCCHININUDEL-SALAT MIT GRÜNKOHL

ZUBEREITUNGSZEIT 30 MINUTEN **PORTIONEN** 4

- 2 Knoblauchzehen, zerdrückt
- 60 ml Kecap Manis
- 2 TL Sesamöl
- 1 EL fein geriebener frischer Ingwer
- 1 Stück Zitronengras (10 cm), nur das Weiße, fein gehackt
- 80 ml frisch gepresster Limettensaft
- 100 g geröstete Cashewkerne, grob gehackt
- 750 g Zucchini
- 400 g Grünkohl, geputzt (siehe Tipps), Blätter in kleine Stücke gezupft
- 1 EL Erdnussöl
- 3 Frühlingszwiebeln, längs in dünne Streifen geschnitten
- 1 Handvoll Minzeblätter
- 1 EL Sesamsamen, geröstet

1 Knoblauch, Kecap Manis, Sesamöl, Ingwer, Zitronengras, Limettensaft und die Hälfte der Cashewkerne im Mixer zerkleinern.
2 Mit einem Spiralschneider (siehe Tipps) die Zucchini in dicke Nudeln schneiden.
3 Grünkohl und Erdnussöl in eine große Schüssel geben. Mit den Händen das Öl in den Kohl massieren, um ihn weicher zu machen. Die Zucchininudeln, die Hälfte der Frühlingszwiebeln sowie die Hälfte des Dressings zum Grünkohl geben und alles vorsichtig vermischen.
4 Den Salat auf Teller verteilen, mit dem restlichen Dressing beträufeln. Die restlichen Frühlingszwiebeln sowie Cashewkerne und Minze dazugeben. Mit Sesamsamen bestreut servieren.

Nährwerte pro Portion Fett 24 g (gesättigte Fettsäuren 4 g), Brennwert 1544 kJ (369 kcal), Kohlenhydrate 25 g, Protein 10 g, Ballaststoffe 8 g
Tipps Den zähen Mittelstrunk aus den Grünkohlblättern entfernen und wegwerfen. Ein Spiralschneider ist ein Küchengerät, mit dem sich Gemüse so schneiden lässt, dass es an Nudeln erinnert. Wer keinen besitzt, kann auch ein Julienne-Messer oder einen Gemüsehobel mit Julienne-Aufsatz verwenden. Der Salat sollte erst kurz vor dem Servieren zubereitet werden.

BROKKOLIREIS MIT CHILI UND KNUSPRIGEM SPIEGELEI

ZUBEREITUNGS- UND GARZEIT 30 MINUTEN **PORTIONEN** 4

- 750 g Brokkoli
- 100 g Zuckererbsen, geputzt
- 100 g Kaiserschoten, geputzt
- 60 ml Erdnussöl
- 1 kleine rote Zwiebel (100 g), in dünne Scheiben geschnitten
- 2 Knoblauchzehen, zerdrückt
- 2 TL geriebener frischer Ingwer
- 2 lange rote Chilischoten, in dünne Ringe geschnitten
- 80 g Bohnensprossen
- 2 TL Fischsauce
- 4 Eier

1 Brokkoli in Röschen teilen, die Stiele grob hacken. Beides in einen mittelgroßen Topf mit kochendem Wasser geben und 1 Minute blanchieren. Das Gemüse mit einem Schaumlöffel herausheben und in einer Schüssel Eiswasser abschrecken. Herausnehmen und auf Küchenpapier abtropfen lassen. Die Zuckererbsen ebenfalls 1 Minute, die Kaiserschoten 30 Sekunden blanchieren, abschrecken und auf Küchenpapier abtropfen lassen. Die Kaiserschoten schräg halbieren.

2 Brokkolistiele und -röschen im Mixer fein hacken, bis sie Reiskörnern gleichen. In eine mittelgroße Schüssel geben.

3 In einem Wok oder einer großen Pfanne bei mittlerer Hitze 2 EL des Öls erhitzen. Die Zwiebelringe darin etwa 3 Minuten garen, bis sie weich sind. Knoblauch, Ingwer und Chili hinzufügen und 1 Minute rühren, bis es duftet. Zuckererbsen und Kaiserschoten dazugeben und etwa 1 Minute mitgaren.

4 Brokkolireis, Sprossen und Fischsauce hinzufügen und alles 1 Minute pfannenrühren. Die Brokkoli-Mischung auf Schalen oder Teller verteilen.

5 In Wok oder Pfanne in dem restlichen Öl nacheinander die Eier braten, bis das Weiße fest und der Rand knusprig ist. Die Eier auf den Brokkolireis setzen.

Nährwerte pro Portion Fett 21 g (gesättigte Fettsäuren 4 g), Brennwert 1214 kJ (290 kcal), Kohlenhydrate 6 g, Protein 15 g, Ballaststoffe 7 g

Tipps Statt Brokkoli kann man auch Blumenkohl verwenden; er wird 2 Minuten blanchiert. Wenn die Pfanne groß genug ist, lassen sich alle Eier gleichzeitig braten. Für eine vegetarische Version die Fischsauce durch Sojasauce ersetzen.

ROTE-BETE- UND WEISSE-BOHNEN-GNOCCHI MIT RUCOLA-PESTO

ZUBEREITUNGS- UND GARZEIT 1 STUNDE 15 MINUTEN (PLUS KÜHLZEIT) **PORTIONEN** 4

1 EL natives Olivenöl extra

250 g Rote Bete, geschält und grob geraspelt

1 Dose weiße Riesenbohnen (400 g), abgespült und abgetropft

1 Ei, verquirlt

40 g Parmesan, fein gerieben

85 g feiner Hartweizengrieß, plus etwas mehr zum Bestäuben

40 g Butter

25 g Walnusskerne, grob gehackt und geröstet

50 g Rucolablätter

RUCOLA-PESTO

1 Handvoll Rucolablätter

1 Handvoll Basilikumblätter

35 g Walnüsse, grob gehackt und geröstet

25 g Parmesan, fein gerieben

1 Knoblauchzehe, zerdrückt

60 ml natives Olivenöl extra

1 EL frisch gepresster Zitronensaft

Salz und frisch gemahlener Pfeffer

1 Das Öl in einer großen Pfanne erhitzen. Rote Bete darin bei schwacher Hitze unter Rühren etwa 10 Minuten garen. Zusammen mit den Bohnen im Mixer glatt pürieren. Würzen.

2 Das Püree in eine große Schüssel umfüllen. Das Ei, 2 EL Parmesan und den Grieß unterziehen, sodass ein weicher, klebriger Teig entsteht.

3 Teig in vier Portionen teilen; auf der mit Grieß bestäubten Arbeitsfläche zu etwa 2 cm dicken Rollen formen und in 1 cm dicke Stücke schneiden. Die Stücke zu Kugeln rollen, dann jede Kugel über einen Gabelrücken ziehen (an den Einkerbungen bleibt die Sauce besser haften). Gnocchi auf ein mit Grieß bestäubtes Tablett legen. Abdecken und 1 Stunde in den Kühlschrank stellen.

4 Inzwischen das Rucola-Pesto zubereiten.

5 Die Gnocchi portionsweise in einem großen Topf mit kochendem Salzwasser garen, bis sie an die Oberfläche steigen und gar sind. Mit einem Schaumlöffel herausheben und in eine große flache Schüssel geben. Abdecken und warm halten. 2 EL Kochwasser beiseitestellen.

6 Die Butter in einer großen Pfanne bei starker Hitze zerlassen. Die Gnocchi dazugeben und umrühren. Das Pesto mit dem zurückbehaltenen Kochwasser verdünnen.

7 Gnocchi auf Teller verteilen, Pesto darübergeben. Mit Walnüssen, Rucola und restlichem Parmesan garnieren.

Rucola-Pesto Alle Zutaten in den Mixer geben, glatt pürieren und abschmecken.

Nährwerte pro Portion Fett 47 g (gesättigte Fettsäuren 13 g), Brennwert 2859 kJ (683 kcal), Kohlenhydrate 41 g, Protein 20 g, Ballaststoffe 9 g

Tipp Der Gnocchi-Teig muss klebrig sein, so ist er richtig.

Vorbereitung Die Gnocchi können bis zum Ende von Schritt 3 bis zu 1 Tag im Voraus zubereitet werden; kühl stellen. Das Pesto hält sich ohne Zitronensaft, abgedeckt und mit etwas Olivenöl bedeckt, im Kühlschrank 1 Woche, tiefgefroren 1 Monat. Zitronensaft erst vor dem Servieren unterrühren.

DAIKON-NUDELN UND HÄHNCHEN MIT LIMETTE

ZUBEREITUNGS- UND GARZEIT 25 MINUTEN **PORTIONEN** 2

- 1 mittelgroßer Daikon-Rettich (600 g)
- 1 EL Pflanzenöl
- 4 ausgelöste Hähnchenoberkeulen (680 g), in Streifen geschnitten
- 4 Frühlingszwiebeln, in Ringe geschnitten
- 1 mittelgroße Karotte (120 g), in dünne Scheiben geschnitten
- 60 ml frisch gepresster Limettensaft
- 2 EL helle Sojasauce
- 1 EL Honig
- 1 lange rote Chilischote, fein gehackt
- 1 Handvoll Korianderblätter
- 2 EL grob gehackte Erdnüsse

1 Mit einem Julienne-Messer oder Spiralschneider den Daikon in lange dünne Streifen schneiden.
2 Das Öl in einem großen Wok oder einer in Pfanne erhitzen. Das Fleisch bei starker Hitze portionsweise pfannenrühren und anbräunen. Beiseitestellen. Frühlingszwiebeln und Karotte pfannenrühren, bis sie gar sind. Hähnchenfleisch in den Wok zurückgeben.
3 Inzwischen Limettensaft, Sojasauce, Honig und Chili in einer kleinen Schüssel vermischen. Die Mischung mit den Daikon-Nudeln in den Wok geben und alles noch 3 Minuten pfannenrühren, bis das Fleisch gar ist.
4 Alles auf Teller verteilen, mit Korianderblättern und Erdnüssen bestreuen und servieren.

Nährwerte pro Portion Fett 45 g (gesättigte Fettsäuren 11 g), Brennwert 3227 kJ (771 kcal), Kohlenhydrate 21 g, Protein 66 g, Ballaststoffe 10 g
Tipp Für eine vegane Variante anstelle von Hähnchen Tofu verwenden.

KNUSPRIGES FISCHFILET AUF WILDREISSALAT

ZUBEREITUNGS- UND GARZEIT 55 MINUTEN **PORTIONEN** 4

- 50 g Wildreis
- 2 mittelgroße rote Paprikaschoten (400 g)
- 2 Selleriestangen, in dünne Scheiben geschnitten (300 g), plus 1 Handvoll junge Sellerieblätter
- ½ mittelgroße rote Zwiebel (85 g), in dünne Scheiben geschnitten
- 250 g Kirschtomaten, in Spalten geschnitten
- 1 TL Granatapfelsirup
- 1 TL Rotweinessig
- 60 ml Olivenöl
- 80 g Mandelmehl
- 2 EL gehackter Dill
- 8 dünne weißfleischige Fischfilets (960 g)
- 50 g Butter
- Salz und frisch gemahlener Pfeffer

1 In einem mittelgroßen Topf Salzwasser zum Kochen bringen. Den Wildreis darin abgedeckt etwa 40 Minuten garen, bis er weich ist. In ein Sieb abgießen und abschrecken, dann gut abtropfen lassen. Wildreis in eine große Schüssel geben.

2 Inzwischen die Paprikaschoten vierteln, Samen und Scheidewände entfernen. Paprika mit der Hautseite nach oben unter dem heißen Backofengrill rösten, bis die Haut Blasen wirft. Die Paprikaschoten 5 Minuten abdecken, dann häuten und hacken.

3 Paprika, Selleriescheiben, Sellerieblätter, Zwiebel und Tomaten zum Wildreis geben und alles vorsichtig mischen.

4 Für das Dressing Granatapfelsirup, Essig und Öl verrühren. Mit Salz und Pfeffer würzen.

5 Mandelmehl und Dill in einer flachen Schüssel vermischen und würzen. Die Fischfilets darin wenden. Die Hälfte der Butter in einer großen beschichteten Pfanne zerlassen. Sobald sie zu schäumen beginnt, die Hälfte der Filets hineingeben und 2 Minuten von jeder Seite braten, bis sie goldbraun und gar sind. Restliche Filets in der restlichen Butter ebenso braten.

6 Das Dressing zum Salat geben und alles gut vermengen. Abschmecken. Die Fischfilets auf dem Wildreissalat servieren.

Nährwerte pro Portion Fett 39 g (gesättigte Fettsäuren 10 g), Brennwert 2740 kJ (655 kcal), Kohlenhydrate 17 g, Protein 56 g, Ballaststoffe 6 g

Tipp Wir haben für dieses Rezept Merlan verwendet, aber auch jedes andere weißfleischige Fischfilet ist geeignet. Die Garzeit hängt von der Dicke ab.

Serviervorschlag Dazu passt grüner Salat.

ALGEN-NUDELN UND GARNELEN MIT ERDNUSSKRUSTE

ZUBEREITUNGS- UND GARZEIT 35 MINUTEN **PORTIONEN** 4

- 75 g geröstete gesalzene Erdnüsse
- 1 Nori-Algenblatt, grob gehackt
- 2 EL Sesamsamen
- 1 kg rohe Riesengarnelen
- 2 Eiweiß, verquirlt
- 400 g Algennudeln
- 2 EL Fischsauce
- 2 EL brauner Reissirup
- 60 ml frisch gepresster Limettensaft
- 240 g Rotkohl, in dünne Streifen geschnitten
- 240 g Chinakohl, in dünne Streifen geschnitten
- 2 lange rote Chilischoten, Samen entfernt, in lange dünne Streifen geschnitten
- 1 Bund Koriander
- 1 l Erdnussöl zum Frittieren
- 1 mittelgroße Limette, in Spalten geschnitten

1 Erdnüsse und Nori im Mixer zu mittelgroben Bröseln verarbeiten, die Sesamsamen unterrühren. Alles auf einen Teller umfüllen. Die Garnelen schälen, dabei die Schwanzflosse intakt lassen, den Darm entfernen. Garnelen und Eiweiß in einer mittelgroßen Schüssel vermischen. Dann die Garnelen in der Erdnussmischung wälzen, sodass die Schwanzflosse unbedeckt bleibt.
2 Die Algennudeln in einer großen Schüssel mit warmem Wasser übergießen und 10 Minuten stehen lassen.
3 Inzwischen für das Dressing Fischsauce, Sirup und Limettensaft in einem Becher vermischen. Nudeln abgießen; zurück in die Schüssel geben, mit dem Dressing übergießen und vorsichtig vermengen. Rotkohl, Chinakohl, Chili und den größten Teil der Korianderblätter zu den Nudeln geben, alles mischen.
4 Das Öl in einem kleinen Wok oder einer mittelgroßen Pfanne erhitzen. Die Garnelen darin portionsweise etwa 1 Minute frittieren, bis sie rosa und gerade gar sind. Auf Küchenpapier abtropfen lassen.
5 Die Garnelen auf die Nudelmischung geben, mit restlichem Koriander und Limettenspalten servieren.

Nährwerte pro Portion Fett 30 g (gesättigte Fettsäuren 5 g), Brennwert 2109 kJ (504 kcal), Kohlenhydrate 15 g, Protein 37 g, Ballaststoffe 8 g
Tipp Für die in diesem Rezept benötigte Rotkohlmenge brauchen Sie etwa einen halben kleinen Kopf.
Vorbereitung Das Dressing kann bis zu 2 Tage im Voraus zubereitet und abgedeckt im Kühlschrank aufbewahrt werden.

KÜRBISSPAGHETTI ALLA PUTTANESCA

ZUBEREITUNGS- UND GARZEIT 50 MINUTEN **PORTIONEN** 4

2 kg Spaghettikürbis

2 EL natives Olivenöl extra

40 g Parmesan, fein gerieben

1 Handvoll Basilikumblätter

PUTTANESCA-SAUCE

2 EL Olivenöl

1 mittelgroße rote Zwiebel (170 g), in dünne Scheiben geschnitten

3 Knoblauchzehen, in dünne Scheiben geschnitten

4 Sardellenfilets, fein gehackt

80 g entsteinte Kalamata-Oliven, grob zerkleinert

1 ½ EL kleine Kapern

1 Dose weiße Riesenbohnen (400 g), abgespült und abgetropft

400 g Kirschtomaten

1 lange rote Chilischote, Samen entfernt, in dünne Streifen geschnitten

Salz und frisch gemahlener Pfeffer

1 Den Backofen auf 180 °C vorheizen. Zwei Backbleche mit Backpapier auslegen.
2 Den Kürbis längs halbieren, Samen herauskratzen. Kürbishälften quer halbieren. Mit der Schnittseite nach oben auf die Bleche legen. Mit Öl beträufeln, mit Salz und Pfeffer würzen.
3 Die Kürbisstücke etwa 35 Minuten rösten, bis sich das Fruchtfleisch von der Schale löst.
4 Inzwischen die Puttanesca-Sauce zubereiten.
5 Fruchtfleisch aus dem Kürbis lösen und auseinanderziehen, sodass es in lange „Nudeln" zerfasert (siehe Tipps). Sofort mit der Puttanesca-Sauce anrichten, mit Parmesan und Basilikum bestreut servieren.
Puttanesca-Sauce Das Öl in einer großen Pfanne erhitzen. Zwiebel, Knoblauch und Sardellen darin 5 Minuten bei mittlerer Hitze unter Rühren garen, bis die Zwiebel weich ist. Oliven, Kapern, Bohnen und Tomaten einrühren, die Hitze herunterschalten. Die Sauce etwa 15 Minuten mit aufgelegtem Deckel köcheln lassen, bis die Tomaten zerfallen; mit einem Löffelrücken nachhelfen. Chili unterrühren. Die Sauce mit Salz und Pfeffer abschmecken.

Nährwerte pro Portion Fett 28 g (gesättigte Fettsäuren 4 g), Brennwert 1986 kJ (475 kcal), Kohlenhydrate 47 g, Protein 10 g, Ballaststoffe 12 g
Tipps Wir ziehen den Spaghettikürbis mit den Fingern auseinander, da er bei Verwendung einer Gabel leicht zerreißt. Anstelle der frischen Kirschtomaten können Sie auch eine Dose verwenden.
Vorbereitung Die Sauce kann mehrere Stunden im Voraus zubereitet werden.
Serviervorschlag Dazu schmeckt Rucolasalat.

Würziges Lammbällchen-Ragout

Kapern und Venusmuscheln

Puttanesca-Sauc

Walnuss-Mandel-Pesto

Aubergine und Tomate

Speck-Pecorino-Sahne

Pastasaucen

Zu diesen Saucen serviert man 800 g gegartes und in Spiralen geschnittenes Gemüse nach Wahl.

WÜRZIGES LAMMBÄLLCHEN-RAGOUT

Zubereitungs- und Garzeit 30 Minuten **Portionen** 4

1 EL Olivenöl in einer großen Pfanne erhitzen. Das Brät aus 600 g Lammbratwürsten drücken und zu kleinen Bällchen formen. Bei mittlerer Hitze etwa 4 Minuten anbräunen, dann herausnehmen. In derselben Pfanne bei mittlerer Temperatur 1 EL Olivenöl erhitzen; 2 fein gehackte mittelgroße Zwiebeln und 2 zerdrückte Knoblauchzehen etwa 5 Minuten unter Rühren anschwitzen. 2 EL Thymianblätter, 2 EL Tomatenmark, 2 EL Harissa und je 1 TL Räucherpaprika, gemahlenen Kreuzkümmel, gemahlenen Koriander und Fenchelsamen hinzufügen, umrühren und alles weitere 3 Minuten anschwitzen. 500 ml Hühnerbrühe und 1 Dose gewürfelte Tomaten (400 g) hinzufügen. Die Sauce 10 Minuten köcheln lassen, bis sie auf die Hälfte reduziert ist. Die Fleischbällchen in der Sauce wieder erwärmen. Mit Salz und Pfeffer abschmecken. Mit 20 g geriebenem Pecorino bestreuen.

KAPERN UND VENUSMUSCHELN

Zubereitungs- und Garzeit 15 Minuten **Portionen** 4

In einem großen Topf 1 EL Olivenöl erhitzen. 3 zerdrückte Knoblauchzehen und 1 in dünne Ringe geschnittene lange rote Chilischote darin bei mittlerer Hitze unter Rühren garen, bis der Knoblauch duftet. 1 EL kleine Kapern, 80 ml trockenen Weißwein und 2 EL gehackten Zitronenthymian hinzufügen; zum Kochen bringen. 1 kg geputzte Venusmuscheln dazugeben und im geschlossen Topf garen, bis sie sich öffnen. Vor dem Servieren mit 2 EL gehacktem Zitronenthymian bestreuen und mit zusätzlichen 2 EL Olivenöl beträufeln. Mit Salz und Pfeffer würzen.

WALNUSS-MANDEL-PESTO

Zubereitungs- und Garzeit 10 Minuten **Portionen** 4

2 gehackte Knoblauchzehen, je 30 g geröstete Walnusskerne und Mandeln, 40 g fein geriebenen Parmesan und die Blätter von 1 großen Bund Basilikum im Mixer zerkleinern, bis ein fast glattes Pesto entstanden ist. Nach und nach in dünnem Strahl 125 ml natives Olivenöl extra zugeben und untermixen. Mit Salz und Pfeffer würzen.

PUTTANESCA-SAUCE

Zubereitungs- und Garzeit 20 Minuten **Portionen** 4

In einer großen Pfanne 2 EL natives Olivenöl extra erhitzen. 1 mittelgroße in dünne Ringe geschnittene Zwiebel (170 g), 3 in dünne Scheiben geschnittene Knoblauchzehen und 4 gehackte Sardellenfilets darin etwa 5 Minuten bei mittlerer Hitze anschwitzen, bis die Zwiebel weich ist. 600 g entsteinte halbierte Kalamata-Oliven, 1 ½ EL kleine Kapern, 1 Dose weiße Riesenbohnen (400 g) und 400 g Kirschtomaten hinzufügen. Die Temperatur reduzieren. Die Sauce ohne Deckel 8 Minuten köcheln lassen, bis die Tomaten weich sind. Mit einem Löffelrücken zerdrücken. 1 lange rote Chilischote, ohne Samen und fein geschnitten, sowie 1 Handvoll klein gezupfte Basilikumblätter unterrühren. Mit Salz und Pfeffer abschmecken.

Tipp Falls gewünscht, kann man anstelle der frischen Tomaten auch eine Konserve verwenden.

AUBERGINE UND TOMATE

Zubereitungs- und Garzeit 30 Minuten **Portionen** 4

In einer großen Pfanne 60 ml Olivenöl erhitzen. 1 mittelgroße (150 g) fein gehackte Zwiebel, 2 fein gehackte Selleriestangen und 1 zerdrückte Knoblauchzehe darin bei bei mittlerer Hitze 5 Minuten anschwitzen. 1 mittelgroße (400 g) gewürfelte Aubergine dazugeben und etwa 3 Minuten unter Rühren braten, bis sie goldbraun ist; 2 Tassen passierte Tomaten und 80 ml Wasser hinzufügen; aufkochen lassen. Die Sauce 5 Minuten köcheln lassen. Mit 2 EL gehackter Petersilie oder Basilikum bestreuen. Mit Salz und Pfeffer abschmecken.

SPECK-PECORINO-SAHNE

Zubereitungs- und Garzeit 35 Minuten **Portionen** 4

Den Backofen auf 200 °C vorheizen. 60 g grob gehacke Walnusskerne und 2 EL Kürbiskerne auf einem Backblech verteilen und 5 Minuten rösten. Inzwischen 260 g fein gewürfelten Speck in einer großen Pfanne etwa 5 Minuten unter Rühren anbräunen. Je 160 ml Sahne und Milch sowie 40 g fein geriebenen Pecorino oder Parmesan hinzufügen. Aufkochen und die Sauce 5 Minuten köcheln lassen, bis sie eindickt. Mit Salz und Pfeffer abschmecken. Mit den gerösteten Nüssen und Kürbiskernen sowie 20 g Pecorinospänen oder zusätzlichem Parmesan bestreuen.

FENCHEL-RISOTTO MIT RÄUCHERFORELLE UND GEGRILLTEM ZUCKERMAIS

ZUBEREITUNGS- UND GARZEIT 1 STUNDE PLUS KÜHLZEIT **PORTIONEN** 4

- 2 Maiskolben (500 g), Hüllblätter und Fäden entfernt
- 2 EL Olivenöl
- 3 große Fenchelknollen (1,5 kg)
- 1 l Fischfond
- 50 g Butter
- 1 große Zwiebel (200 g), fein gehackt
- 3 Knoblauchzehen, fein gehackt
- 125 ml Weißwein
- 3 Eigelb
- 1 EL Crème double
- 80 g geriebener Parmesan
- 1 TL abgeriebene Schale von einer unbehandelten Zitrone
- 350 g heiß geräucherte Forelle, in Stücke gezupft
- Salz und frisch gemahlener Pfeffer

1 Die Maiskolben mit Öl einpinseln. Auf dem vorgeheizten Grill bei starker Hitze 12 Minuten garen und gelegentlich wenden, bis die Körner leicht versengt und weich sind. Sobald sie etwas abgekühlt sind, die Körner vom Kolben schneiden.
2 Inzwischen den Fenchel putzen, Fenchelgrün beiseitelegen. Fenchel grob hacken und im Mixer in etwa zehn kurzen Intervallen zerkleinern, bis er Reiskörnern ähnelt.
3 Den Fond in einem mittelgroßen Topf zum Köcheln bringen. Die Butter bei mittlerer Hitze in einer großen tiefen Pfanne zerlassen. Zwiebeln und Knoblauch darin etwa 4 Minuten unter Rühren anschwitzen. Den Wein hinzufügen und etwa 1 Minuten verdampfen lassen.
4 Den heißen Fond in die Pfanne gießen und aufkochen lassen. Hitze auf mittlere Stufe reduzieren und den Fenchel 25 Minuten köcheln lassen, bis er zart ist. Die Maiskörner unterrühren.
5 Die Eigelbe in einer kleinen Schüssel mit der Crème double verrühren. Zusammen mit Parmesan und Zitronenschale in den Risotto rühren. Risotto vom Herd nehmen, mit Salz und Pfeffer abschmecken. Die Forelle daraufgeben und zugedeckt 2 Minuten stehen lassen, bis sie gut durchwärmt ist.
6 Risotto mit Fenchelgrün garniert servieren.

Nährwerte pro Portion Fett 27 g (gesättigte Fettsäuren 14 g), Brennwert 2001 kJ (478 kcal), Kohlenhydrate 19 g, Protein 30 g, Ballaststoffe 9 g
Tipp Übriger Fond kann bis zu 3 Monate eingefroren und in Suppen, Eintöpfen und Currys mit Fisch- und Meeresfrüchten verwendet werden.

Pizza, TARTES und Co.

SOCCA-PIZZA MIT PARMASCHINKEN UND RUCOLA

ZUBEREITUNGS- UND GARZEIT 1 STUNDE PLUS RUHEZEIT **ERGIBT** 4 PIZZEN

- 300 g Kichererbsenmehl
- 1 TL Knoblauchpulver
- 70 ml natives Olivenöl extra
- 3 Tomaten, am besten alte Sorten (420 g)
- 1 kleine Knoblauchzehe, zerdrückt
- 2 EL Basilikumblätter
- 2 Kugeln Büffel-Mozzarella (260 g), in Scheiben geschnitten
- 200 g Parmaschinken in Scheiben, in Stücke gezupft
- 1 Bund Rucola
- 25 g Parmesanspäne
- Salz und frisch gemahlener Pfeffer

1 Kichererbsenmehl und Knoblauchpulver in einer Schüssel vermischen; salzen und pfeffern. 580 ml Wasser und 60 ml Öl unterrühren, den Teig 30 Minuten ruhen lassen.
2 Inzwischen 1 Tomate hacken und mit Knoblauch und Basilikum glatt pürieren; mit Salz und Pfeffer würzen.
3 Den Backofen auf 240 °C vorheizen. Zwei Bleche mit Backpapier auslegen.
4 Eine gefettete große Pfanne (27 cm Durchmesser, Boden 20 cm) bei mittlerer Temperatur erhitzen. Ein Viertel der Kircherbsenmasse darin verteilen und 5 Minuten braten, bis sie unten goldbraun und knusprig ist. Mit der gebräunten Seite nach unten auf ein Blech gleiten lassen. Wiederholen, bis man vier Böden hat.
5 Die Böden mit Tomatenpüree bestreichen und mit Mozzarellascheiben belegen. Die restlichen Tomaten in Scheiben schneiden und auf dem Mozzarella verteilen.
6 Die Pizzen 15 Minuten backen, bis sie goldbraun und knusprig sind. Mit Parmaschinken, Rucola und Parmesan belegen und mit dem restlichen Öl beträufeln.

Nährwerte pro Pizza Fett 51 g (gesättigte Fettsäuren 19), Brennwert 3461 kJ (827 kcal), Kohlenhydrate 41 g, Protein 46 g, Ballaststoffe 10 g
Tipps Kichererbsenmehl ist in gut sortieren Supermärkten, Bioläden und Asia-Shops erhältlich. Sie können den Boden natürlich auch mit einem Pizzabelag Ihrer Wahl kombinieren und die alten Tomatensorten durch Strauchtomaten ersetzen.
Vorbereitung Dieses Rezept kann bis zum Ende von Schritt 4 mehrere Stunden im Voraus zubereitet werden. Die Böden luftdicht verpackt, das Tomatenpüree im Kühlschrank aufbewahren.

LABNEH-TARTES MIT FRÜHLINGSGEMÜSE

ZUBEREITUNGS- UND GARZEIT 1 STUNDE 5 MINUTEN (PLUS KÜHLZEIT) **PORTIONEN** 4

- 150 g bunte Quinoa
- 40 g Sonnenblumenkerne
- 80 g Parmesan, fein gerieben
- 1 Ei
- 1 kleine Zucchini (90 g)
- 1 mittelgroße Zitrone, in dünne Scheiben geschnitten
- 40 g junge Erbsen (TK)
- 80 g Spargel
- 2 EL Minzeblätter

KRÄUTER-KNOBLAUCH-LABNEH

- 250 g Labneh (siehe Tipp)
- 1 Knoblauchzehe, zerdrückt
- 2 EL fein gehackte Minzeblätter
- 1 EL gehackter Schnittlauch

- Salz und frisch gemahlener Pfeffer

1 Quinoa in einen mittelgroßen Topf geben und mit 375 ml Wasser aufkochen. Die Hitze reduzieren, einen Deckel auflegen und die Quinoa etwa 15 Minuten garen. In ein Sieb abgießen und abkühlen lassen.
2 Vier runde Tarteformen mit Hebeboden (12 cm Durchmesser) fetten.
3 Quinoa mit Sonnenblumenkernen und 60 g des Parmesans in den Mixer geben und fein hacken. Das Ei und eine Prise Salz hinzufügen; weitermixen, bis ein grober Teig entstanden ist. Mit einem angefeuchteten Löffelrücken gleichmäßig in die Formen drücken, dabei einen Rand hochziehen. Etwa 30 Minuten in den Kühlschrank stellen, bis der Teig fest ist.
4 Den Backofen auf 200 °C vorheizen, ein Blech mit hineinschieben. Die Tarteböden mit dem restlichen Parmesan bestreuen. Auf das heiße Blech setzen und etwa 35 Minuten backen, bis sie goldbraun sind. Die Böden aus den Formen lösen und auf ein Kuchengitter setzen.
5 Mit einem Sparschäler oder Gemüsehobel die Zucchini in lange dünne Streifen schneiden. Erst Zucchini, dann Zitronenscheiben in einer gefetteten Grillpfanne von beiden Seiten je 1 Minute bräunen. Die Erbsen in einer kleinen hitzefesten Schüssel mit kochendem Wasser übergießen; 1 Minute stehen lassen, dann abgießen.
6 Kräuter-Knoblauch-Labneh zubereiten.
7 Mit Sparschäler oder Gemüsehobel den Spargel in lange dünne Streifen schneiden. Die ausgekühlten Tartes mit Kräuer-Knoblauch-Labneh füllen. Mit Zucchini, Spargel, Erbsen, Zitrone und Minze belegen.
Kräuter-Knoblauch-Labneh Alle Zutaten in einer Schüssel verrühren, mit Salz und Pfeffer abschmecken.

Nährwerte pro Tarte Fett 20 g (gesättigte Fettsäuren 7 g), Brennwert 1629 kJ (389 kcal), Kohlenhydrate 27 g, Protein 22 g, Ballaststoffe 6 g
Tipp Labneh ist ein gut abgetropfter, sehr fester Joghurt, den man in türkischen oder arabischen Supermärkten findet. Er lässt sich aber auch leicht selbst herstellen. Dazu ein mittelgroßes Sieb mit Musselin auslegen und auf einen Krug oder eine Schüssel setzen. 500 g griechischen Joghurt hineingeben. Abdecken und über Nacht oder für 24 Stunden in den Kühlschrank stellen. So erhält man etwas mehr, als man für dieses Rezept braucht. Übriger Labneh kann zu gegrilltem Lamm oder als Brotaufstrich serviert werden, passt aber auch gesüßt zu Kuchen oder Desserts.
Vorbereitung Man kann den Kräuter-Knoblauch-Labneh und die Tarteböden bis zu 6 Stunden im Voraus machen; die Böden erst unmittelbar vor dem Servieren füllen.

HASELNUSS-TARTE MIT ROTER BETE UND ZIEGENKÄSE

ZUBEREITUNGS- UND GARZEIT 1 STUNDE 10 MINUTEN **PORTIONEN** 6

3 mittelgroße Rote Beten (525 g), geschält und in 1 cm dicke Scheiben geschnitten

1 große rote Zwiebel (300 g), geviertelt

1 ½ EL Thymianblätter

60 ml natives Olivenöl extra

2 EL Rotweinessig

700 g Süßkartoffeln, grob gewürfelt

150 g Haselnussmehl

1 Ei, verquirlt

65 g Gruyère, gerieben

45 g geröstete, enthäutete Haselnüsse, grob gehackt

40 g junge Spinatblätter

RICOTTACREME

360 g Ricotta

2 TL abgeriebene Schale von einer unbehandelten Zitrone

1 EL frisch gepresster Zitronensaft

2 Knoblauchzehen, zerdrückt

Salz und frisch gemahlener Pfeffer

1 Den Backofen auf 200 °C vorheizen. Zwei Bleche mit Backpapier auslegen.

2 Rote Beten und Zwiebel auf einem Blech verteilen, mit 1 EL des Thymians bestreuen und mit je 1 EL Öl und Essig beträufeln; mit Salz und Pfeffer würzen. 40 Minuten rösten, bis sie weich sind.

3 Inzwischen die Süßkartoffeln 10 Minuten kochen oder dämpfen, bis sie weich sind, dann abgießen.

4 Die Süßkartoffeln in eine große Schüssel geben und zerstampfen. Haselnüsse, Ei und Käse unterrühren, die Masse mit Salz und Pfeffer abschmecken. Zu einem etwa 1 cm dicken Rechteck (28 × 36 cm) auf das zweite Blech streichen. Etwa 30 Minuten backen, bis der Boden fest und am Rand goldbraun ist.

5 Inzwischen die Ricottacreme zubereiten.

6 Ricottacreme auf den Boden streichen. Mit Roter Bete, Zwiebel, restlichen Thymianblättern, gehackten Haselnüssen und Spinat belegen. Mit restlichem Öl und Essig beträufeln.

Ricottacreme Alle Zutaten in einer großen Schüssel verrühren; mit Salz und Pfeffer abschmecken.

Nährwerte pro Portion Fett 39,4 g (gesättigte Fettsäuren 8,3 g), Brennwert 2385 kJ (570 kcal), Kohlenhydrate 28,4 g, Protein 20,2 g, Ballaststoffe 10,3 g

Tipp Man kann den Ricotta durch Hüttenkäse ersetzen. Am besten schmeckt die Tarte warm oder bei Raumtemperatur.

Vorbereitung Der Süßkartoffel-Tarteboden kann mehrere Stunden im Voraus gebacken werden.

ROTE-BETE-RÖSTI MIT BRESAOLA UND MEERRETTICHCREME

ZUBEREITUNGS- UND GARZEIT 55 MINUTEN (PLUS KÜHLZEIT) **PORTIONEN** 6

3 große Rote Beten (600 g), geschält und grob geraspelt
40 g Weizen-Vollkornmehl
2 Eier, verquirlt
80 g geputzte Brunnenkresse
150 g Bresaola
1 ½ EL kleine Kapern

MEERRETTICH-CRUMBLE

1 ½ EL Sahnemeerrettich
40 g Mandelmehl

MEERRETTICHCREME

200 g Crème fraîche
70 g Sahnemeerrettich
2 EL frisch gepresster Zitronensaft
1 TL Worcestersauce

Salz und frisch gemahlener Pfeffer

1 Den Backofen auf 180 °C vorheizen. Rote-Bete-Raspel in ein Geschirrtuch geben und gut ausdrücken, dann in eine große Schüssel füllen. Mehl und Eier hinzufügen, alles mit Salz und Pfeffer würzen und gut vermischen. Die Masse in sechs flache gefettete Tarteförmchen (12 cm Durchmesser) drücken.
2 Die Böden etwa 30 Minuten backen, bis sie knusprig sind. In der Form abkühlen lassen.
3 Inzwischen Meerrettich-Crumble und Meerrettichcreme zubereiten.
4 Meerrettichcreme auf die Böden verteilen. Brunnenkresse, Bresaola, Kapern und Meerettich-Crumble darübergeben.
Meerrettich-Crumble Sahnemeerrettich in einer kleinen Schüssel mit dem Mandelmehl verrühren. Die Masse auf ein mit Backpapier ausgelegtes Blech streuen. Zusammen mit den Tarteböden auf einer separaten Schiene 5 Minuten im Ofen backen. Mit einem Spatel oder einer Gabel in grobe Stücke zerbrechen. Weitere 2 Minuten backen oder bis die Brösel goldgelb und knusprig sind.
Meerrettichcreme Alle Zutaten in einer kleinen Schüssel vermischen und mit Salz und Pfeffer abschmecken.

Nährwerte pro Tarte Fett 21 g (gesättigte Fettsäuren 10 g), Brennwert 1355 kJ (324 kcal), Kohlenhydrate 16 g, Protein 16 g, Ballaststoffe 5 g
Tipp Übriggebliebene Meerrettichcreme hält sich im Kühlschrank bis zu 2 Tage und schmeckt zu gebratenem oder gegrilltem Rindfleisch oder gegrilltem Lachs.
Vorbereitung Bis zum Ende von Schritt 3 lässt sich das Rezept mehrere Stunden in Voraus zubereiten. Die Böden erst unmittelbar vor dem Servieren füllen und belegen.

BLUMENKOHL-TORTILLA MIT PULLED PORK

ZUBEREITUNGS- UND GARZEIT 3 STUNDEN 20 MINUTEN **PORTIONEN** 6 (ERGIBT 18 STÜCK)

- 1 EL natives Olivenöl extra
- 1 mittelgroße Zwiebel (150 g), gehackt
- 1 TL getrockneter Oregano
- 2 Lorbeerblätter
- 4 Knoblauchzehen, zerdrückt
- 70 g Tomatenmark
- 1,2 kg Schweineschulter, ohne Knochen und Schwarte
- 1 Thymianzweig
- 1 Dose gewürfelte Tomaten (400 g)
- 3 abgetropfte Chipotle-Chilis (45 g), fein gehackt
- 1 mittelgroße Avocado (250 g), in Scheiben geschnitten
- 4 Radieschen (60 g), in Scheiben geschnitten
- 1 kleine rote Zwiebel (100 g), in dünne Ringe geschnitten
- 200 g Kirschtomaten, halbiert
- 1 Handvoll Korianderblätter
- 120 g saure Sahne
- 2 Limetten, in Spalten geschnitten

BLUMENKOHL-TORTILLAS

- 2 kg Blumenkohl, grob zerkleinert
- 4 Eier, verquirlt

Salz und frisch gemahlener Pfeffer

1 Das Öl in einer großen Pfanne erhitzen. Zwiebel, Oregano, Lorbeerblätter und Knoblauch darin bei mittlerer Hitze unter Rühren etwa 5 Minuten anschwitzen. Tomatenmark zugeben und 1 Minute weiterrühren. Schweinefleisch, Thymian, Tomaten, die Hälfte der Chilis und 250 ml Wasser hinzufügen; aufkochen lassen. Hitze reduzieren, einen Deckel auflegen und das Fleisch etwa 2 ½ Stunden unter gelegentlichem Wenden köcheln lassen, bis es fast zerfällt. Lorbeerblätter entfernen.

2 Inzwischen die Blumenkohl-Tortillas zubereiten.

3 Das Fleisch in eine große Schüssel geben, mit zwei Gabeln zerteilen, dabei größere Fett- oder Knorpelstücke entfernen. Mit Salz und Pfeffer abschmecken. Die Hälfte des Bratensafts unter das Fleisch rühren.

4 Das Fleisch mit restlichem Bratensaft, Avocado, Radieschen, roter Zwiebel, Kirschtomaten und Koriander in die Tortillas füllen. Mit saurer Sahne und restlichen Chilis garnieren. Dazu Limettenspalten servieren.

Blumenkohl-Tortillas Den Backofen auf 200 °C vorheizen. Den Blumenkohl im Mixer in kurzen Intervallen fein hacken. In zwei Portionen in der Mikrowelle oder im Dampf 3 Minuten garen, bis er weich ist. Etwas abkühlen lassen, dann in ein Geschirrtuch geben und gut ausdrücken. In eine große Schüssel geben, das Ei unterrühren, mit Salz und Pfeffer würzen. Die Masse in 18 Portionen teilen. Zwei Bleche mit Backpapier auslegen. Kreise von 13 cm Durchmesser auf das Papier zeichnen. Das Papier umdrehen, die Blumenkohlmasse in den Kreisen verteilen und 8 Minuten backen. Die Tortillas vorsichtig mit einem Spatel wenden und weitere 8 Minuten backen, bis sie am Rand gebräunt sind. Restliche Blumenkohlmischung ebenso verarbeiten, sodass 18 Tortillas entstehen.

Nährwerte pro Portion Fett 28 g (gesättigte Fettsäuren 10 g), Brennwert 2197 kJ (525 kcal), Kohlenhydrate 12 g, Protein 52 , Ballaststoffe 10 g

Vorbereitung Das Pulled Pork kann man 1 Tag im Voraus garen; vor dem Servieren im Bratensaft wieder erhitzen. Die Blumenkohl-Tortillas lassen sich einige Stunden im Voraus backen. Mit Backpapier aufeinanderschichten. In Alufolie eingeschlagen im Backofen bei 180 °C etwa 10 Minuten wieder erhitzen.

Süßkartoffel-Pizzaboden

Quinoa-Pizzaboden

Polenta-Tarteboden

Socca-Pizzaboden

Quinoa-Tarteböden

Zucchini-Pizzaboden

Pizza- und Tarteböden

Diese Böden könnn Sie mit Ihren Lieblingszutaten belegen, aber auch mit frischem Blattsalat, sautiertem Gemüse oder gegrilltem Fleisch.

SÜSSKARTOFFEL-PIZZABODEN

Zubereitungs- und Backzeit 50 Minuten **Portionen** 6

Den Backofen auf 200 °C vorheizen. Ein großes Blech mit Backpapier auslegen. 700 g grob gehackte Süßkartoffeln etwa 10 Minuten kochen. Abtropfen lassen, dann in ein große Schüssel geben und zerstampfen. 150 g Haselnussmehl, 1 verquirltes Ei und 65 g geriebenen Gruyère unterrühren. Den Teig mit Salz und Pfeffer würzen. Auf dem Blech zu einem 28 × 36 cm großen und 1 cm dicken Rechteck verstreichen. 30 Minuten backen, bis er fest und der Rand goldbraun ist.

Vorbereitung Der Boden kann mehrere Stunden im Voraus zubereitet werden.

QUINOA-PIZZABODEN

Zubereitungs- und Backzeit 40 Minuten (plus Einweichzeit) **Portionen** 4 (Ergibt 2 Böden)

Mit diesem Rezept am Vortag beginnen

300 g weiße Quinoa in eine große Schüssel geben und mit kaltem Wasser übergießen. Mindestens 8 Stunden oder über Nacht stehen lassen. In ein Sieb abgießen und gründlich abspülen. Den Backofen auf 240 °C vorheizen. Zwei Bleche mit Backpapier auslegen. Quinoa mit 1 TL Backpulver, 1 TL Meersalzflocken, 125 ml Wasser und 2 EL nativem Olivenöl extra in den Mixer geben und glatt pürieren. Eine gefettete Pfanne von 30 cm Durchmesser (Boden 25 cm) erhitzen. Die Hälfte der Quinoa-Masse darin bei mittlerer Hitze etwa 5 Minuten goldbraun und knusprig braten. Mit der Unterseite nach oben auf das Blech legen. Mit der restlichen Masse ebenso verfahren. Die Böden im Ofen etwa 15 Minuten backen, bis sie knusprig sind; dabei die Bleche nach der Hälfte der Backzeit tauschen.

Vorbereitung Der Boden kann mehrere Stunden im Voraus zubereitet werden. Nach dem Abkühlen luftdicht verpacken.

SOCCA-PIZZABODEN

Zubereitungs- und Backzeit 30 Minuten (plus Einweichzeit) **Ergibt** 4 Böden

Den Backofen auf 240 °C vorheizen. Zwei Bleche mit Backpapier auslegen. 300 g Kichererbsenmehl und 1 TL Knoblauchpulver in einem Krug vermischen, mit Salz und Pfeffer würzen. 580 ml Wasser und 60 ml natives Olivenöl extra unterrühren; 30 Minuten stehen lassen. Eine gefettete Pfanne von 27 cm Durchmesser (Boden 20 cm) bei mittlerer Temperatur erhitzen. Ein Viertel der Teigmasse hineingießen und 5 Minuten garen, bis die Masse fest und der Boden goldbraun und knusprig ist. Den Boden mit der gebräunten Seite nach unten auf ein Blech gleiten lassen. Mit der restlichen Masse ebenso verfahren.

Tipp Kichererbsenmehl gibt es in Bioläden und Asia-Shops.

Vorbereitung Der Boden kann mehrere Stunden im Voraus zubereitet werden. Nach dem Abkühlen luftdicht verpacken.

POLENTA-TARTEBODEN

Zubereitungs- und Backzeit 45 Minuten (plus Abkühlzeit) **Portionen** 6

Den Backofen auf 200 °C vorheizen. Eine Tarteform (11 × 35 cm) fetten. Ein Blech mit Backpapier auslegen. 85 g feine Polenta, 180 g Mandelmehl, 1 EL Kreuzkümmelsamen und 1 TL Meersalzflocken im Mixer vermischen. 80 g kalte gewürfelte Butter hinzufügen, alles in kurzen Intervallen zu einer krümeligen Masse verarbeiten. Etwa 1 EL Eiswasser untermixen, damit die Zutaten zusammenhalten. Die Masse mit einem feuchten Löffelrücken in die Form drücken, dabei einen Rand hochziehen. Die Form auf das Blech stellen. Den Boden etwa 30 Minuten backen, bis er goldbraun ist. 15 Minuten stehen lassen, dann auf ein Kuchengitter setzen.

Vorbereitung Man kann den Boden mehrere Stunden im Voraus backen.

QUINOA-TARTEBÖDEN

Zubereitungs- und Backzeit 1 Stunde (plus Kühlzeit) **Ergibt** 4 Böden

150 g bunte Quinoa mit 375 ml Wasser in einen mittelgroßen Topf geben und aufkochen. Die Temperatur reduzieren, einen Deckel auflegen und die Quinoa etwa 15 Minuten kochen, bis sie weich ist. Abtropfen und abkühlen lassen. Vier Tarteformen mit Hebeboden (12,5 cm Durchmesser) fetten. Die Quinoa mit 40 g Sonnenblumenkernen und 60 g fein geriebenem Parmesan in den Mixer geben und fein zerkleinern. 1 Ei hinzufügen, die Masse mit Salz abschmecken. Mixen, bis ein grober Teig entsteht. Die Masse mit einem angefeuchteten Löffelrücken in die Formen drücken, dabei einen Rand hochziehen. 30 Minuten im Kühlschrank fest werden lassen. Den Backofen auf 200 °C vorheizen, dabei ein Backblech mit in den Ofen schieben. Die Tarteböden mit 20 g fein geriebenem Parmesan bestreuen. Auf das heiße Blech stellen und etwa 35 Minuten backen, bis sie goldbraun und knusprig sind. Mit der Oberseite nach unten zum Abkühlen auf ein Kuchengitter legen.

ZUCCHINI-PIZZABODEN

Zubereitungs- und Backzeit 40 Minuten **Portionen** 2

Den Backofen auf 240 °C vorheizen. Zwei Bleche mit Backpapier auslegen. Auf dem Papier Kreise von 25 cm Durchmesser markieren; das Papier umdrehen. Drei mittelgroße Zucchini (360 g) grob raspeln, in ein Geschirrtuch einschlagen und möglichst viel Flüssigkeit herausdrücken. Zucchini in eine große Schüssel geben. 40 g fein geriebenen Parmesan, 75 g Mehl und 2 verquirlte Eier untermischen; mit Salz und Pfeffer würzen. Die Zucchinimasse auf den Kreisen auf den Blechen verteilen. Die Böden 20 Minuten backen, dann wenden und noch weitere etwa 5 Minuten goldbraun und knusprig backen.

JAPANISCHE GEMÜSEPUFFER MIT RIESENGARNELEN

ZUBEREITUNGS- UND GARZEIT 5 MINUTEN **PORTIONEN** 4 (ERGIBT 12 PUFFER)

- 12 mittelgroße gegarte Riesengarnelen (540 g)
- 2 Frühlingszwiebeln
- 4 Eier
- 30 g Mandelmehl
- 250 g Butternusskürbis, grob geraspelt
- 1 mittelgroße Süßkartoffel (400 g), grob geraspelt
- 120 g Weißkohl, in dünne Streifen geschnitten
- 60 ml Reiskeimöl
- 75 g japanische Mayonnaise (siehe Tipps)
- ½ TL helle Sesamsamen, geröstet
- ½ TL schwarze Sesamsamen, geröstet
- 1 EL eingelegter Ingwer

- Salz und frisch gemahlener Pfeffer

1 Garnelen schälen, dabei den Darm entfernen und die Schwanzflosse intakt lassen.

2 Eine Frühlingszwiebel fein hacken, die andere in dünne Ringe schneiden.

3 Eier, Mandelmehl und die fein gehackte Frühlingszwiebel in einer großen Schüssel vermischen. Kürbis, Süßkartoffel und 80 g Weißkohl unterrühren; mit Salz und Pfeffer abschmecken.

4 Das Öl in einer großen Pfanne bei mittlerer Temperatur erhitzen. Für jeden Puffer etwa 125 ml der Mischung in die Pfanne geben und leicht verstreichen. Etwa 2 Minuten von jeder Seite braten, bis sie golden und durchgegart sind. Die Masse sollte insgesamt zwölf Puffer ergeben.

5 Die Puffer mit Garnelen, restlichem Kohl und Frühlingszwiebelringen belegen. Mit Mayonnaise beträufeln und mit Sesam bestreuen. Dazu den eingelegten Ingwer servieren.

Nährwerte pro Portion Fett 39 g (gesättigte Fettsäuren 7 g), Brennwert 2284 kJ (546 kcal), Kohlenhydrate 19 g, Protein 26 g, Ballaststoffe 5 g

Tipps Japanische Mayonnaise findet man in asiatischen Lebensmittelläden. Sesamsamen kann man fertig geröstet kaufen, oder man gibt ungeröstete Samen in eine schwere Pfanne und erhitzt sie bei mittlerer Temperatur unter Rühren, bis sie leicht gebräunt sind und duften.

Vorbereitung Die Puffer können bis zum Ende von Schritt 4 mehrere Stunden im Voraus zubereitet werden. Auf Backblechen verteilen und 10 Minuten im 180 °C heißen Ofen aufwärmen, ehe man zu Schritt 5 weitergeht.

RICOTTA-PIZZA MIT BROMBEEREN UND RUCOLA

ZUBEREITUNGS- UND BACKZEIT 55 MINUTEN **PORTIONEN** 4

- 240 g Mandelmehl, geröstet (siehe Tipps)
- ¼ TL Backpulver
- 2 Eier, verquirlt
- 125 ml natives Olivenöl extra
- 1 Knoblauchzehe, zerdrückt
- 1 EL Spaghettigewürz (siehe Tipps)
- 1 EL Pflanzenöl
- 1 große Zwiebel (200 g), in dünne Ringe geschnitten
- 240 g fettarmer Ricotta (siehe Tipps)
- 120 g Mozzarella, in 5 mm dicke Scheiben geschnitten
- 200 g Brombeeren (siehe Tipps)
- ½ Bund Rucola

- Salz und frisch gemahlener Pfeffer

1 Den Backofen auf 200 °C vorheizen. Zwei Pizzaformen (25 cm Durchmesser) mit Backpapier auslegen.

2 Mandelmehl und Backpulver in einer großen Schüssel vermischen und in die Mitte eine Mulde drücken. Die Eier, die Hälfte des Olivenöls, Knoblauch und Spaghettigewürz hineingeben und alles zu einem weichen klebrigen Teig verarbeiten.

3 Teig halbieren. Jede Hälfte zu einer Scheibe formen. Mit angefeuchteten Händen in die Pizzaformen drücken. Mit restlichem Olivenöl beträufeln, mit Salz und Pfeffer würzen. 15 Minuten im Ofen backen, bis sie leicht gebräunt sind, dann abkühlen lassen.

4 Inzwischen das Pflanzenöl in einer kleinen beschichteten Pfanne erhitzen. Die Zwiebelringe darin bei mittlerer Hitze unter Rühren 2 Minuten anschwitzen, dann bei reduzierter Temperatur 15 Minuten weitergaren, gelegentlich umrühren, bis sie goldbraun und karamellisiert sind.

5 Die Ofentemperatur auf 220 °C erhöhen. Die Pizzaböden mit Ricotta bestreichen, mit Zwiebelringen und Mozzarella belegen, mit Salz und Pfeffer bestreuen.

6 Die Pizzen weitere 10 Minuten backen, bis der Käse geschmolzen ist. Mit Brombeeren und Rucola garniert sofort servieren.

Nährwerte pro Portion Fett 65 g (gesättigte Fettsäuren 11 g), Brennwert 3154 kJ (754 kcal), Kohlenhydrate 10 g, Protein 28 g, Ballaststoffe 10 g

Tipps Das Mandelmehl im 180 °C heißen Ofen in etwa 8 Minuten goldgelb rösten. Sofort zum Abkühlen auf einen Teller geben. Spaghettigewürz besteht aus getrocknetem Basilikum, Oregano, Thymian, Knoblauch, Chiliflocken und Petersilie. Es lässt sich durch getrocknete gemischte oder italienische Kräuter ersetzen. Die Konsistenz von Ricotta variiert je nach Marke. Ist er nicht streichfähig, einfach 1 EL Milch unterrühren. Falls Brombeeren keine Saison haben, stattdessen aufgetaute TK-Heidelbeeren verwenden; gut abtropfen lassen und vor der Verwendung mit Küchenpapier trocken tupfen.

QUINOA-CALZONE MIT REGENBOGENMANGOLD

ZUBEREITUNGS- UND GARZEIT 1 STUNDE 20 MINUTEN (PLUS KÜHLZEIT)
ERGIBT 4 CALZONI

- 300 g weiße Quinoa
- Salz
- 2 EL gekörnte Gemüsebrühe
- ½ TL Backpulver
- 3 Eier
- 1 EL natives Olivenöl extra
- 20 g Butter
- 1 kleine Zwiebel (80 g), in dünne Ringe geschnitten
- 2 Knoblauchzehen, zerdrückt
- 1 Bund Regenbogenmangold (750 g), grob gehackt
- 125 g Sahne
- 90 g Emmentaler, gerieben
- 1 EL Quinoa-Flocken

1 Quinoa in einem großen Topf mit sprudelndem Salzwasser etwa 12 Minuten garen, bis sie weich ist; abgießen. Etwas abkühlen lassen, dann überschüssiges Wasser mit den Händen ausdrücken. Quinoa im Mixer pürieren. Gekörnte Brühe, Backpulver, 2 Eier und das Öl hinzufügen. In kurzen Intervallen mixen, bis alles gut vermischt ist. Den Teig aus Schüssel nehmen und leicht kneten. In vier gleiche Portionen teilen. Jede davon zwischen zwei Bögen Backpapier zu einer 3 mm dicken Scheibe von 20 cm Durchmesser ausrollen. Teig mit Papier auf ein Blech geben und 20 Minuten in den Kühlschrank stellen, bis er etwas fester geworden ist.
2 Inzwischen den Backofen auf 220 °C vorheizen. Zwei Bleche mit Backpapier auslegen.
3 Die Butter in einer großen Pfanne zerlassen, Zwiebel und Knoblauch darin in etwa 3 Minuten anschwitzen. Mangold und Sahne hinzufügen; 10 Minuten garen, bis der Mangold zusammengefallen und fast trocken ist. Abkühlen lassen, dann Feuchtigkeit ausdrücken. In eine große Schüssel geben, den Käse unterrühren.
4 Auf jedes Teigstück ein Viertel der Mangoldmischung geben. Den Teig zusammenklappen und die Ränder mit einer angefeuchteten Gabel fest aufeinanderdrücken. Die Calzoni auf Bleche legen. Restliches Ei verquirlen und die Calzoni damit bepinseln. Mit Quinoa-Flocken bestreuen.
5 Calzoni etwa 30 Minuten backen, bis sie goldbraun sind.

Nährwerte pro Calzone Fett 36 g (gesättigte Fettsäuren 17 g), Brennwert 2646 kJ (632 kcal), Kohlenhydrate 48 g, Protein 26 g, Ballaststoffe 9 g
Vorbereitung Die Calzoni können bis zum Ende von Schritt 4 3 Stunden im Voraus zubereitet werden. Abgedeckt in den Kühlschrank stellen.

SALATE

INDISCHER KICHERERBSENSALAT MIT PANEER

ZUBEREITUNGS- UND GARZEIT 25 MINUTEN **PORTIONEN** 4

- 250 g Paneer-Käse
- 1 EL Tandoori-Paste
- 200 g Zuckerschoten, geputzt
- 2 EL Zitronensaft
- 2 EL natives Olivenöl extra
- 1 Dose Kichererbsen (400 g), abgespült und abgetropft
- 1 große Rote Bete (200 g), in lange dünne Streifen geschnitten (siehe Tipps)
- 2 mittelgroße Karotten (240 g), in lange dünne Streifen geschnitten (siehe Tipps)
- 1 ½ EL Korinthen
- 50 g geröstete ungesalzene Cashewkerne

KURKUMA-DRESSING

- 2 EL Tahina
- 1 ½ EL Zitronensaft
- 1 TL Honig
- 1 Prise gemahlene Kurkuma

- Salz und frisch gemahlener Pfeffer

1 Paneer auf beiden Seiten mit Tandoori-Paste bestreichen.
2 Die Zuckerschoten in einem großen Sieb in die Spüle stellen und mit kochendem Wasser übergießen. Unter kaltem Wasser abspülen; abtropfen lassen.
3 Zitronensaft und Öl in einem kleinen Becher verrühren; mit Salz und Pfeffer abschmecken.
4 Kichererbsen mit der Hälfte der Ölmischung in eine kleine Schüssel geben; gut vermischen.
5 Das Kurkuma-Dressing zubereiten.
6 Zuckerschoten, Rote Bete, Karotten, Kichererbsen und Korinthen auf Tellern anrichten.
7 Paneer in einer vorgeheizten gefetteten Grillpfanne oder auf dem Grill bei mittlerer Hitze 2 Minuten von jeder Seite anbräunen.
8 Paneer in Stücke schneiden und auf die Teller verteilen; Cashewkerne und restliche Ölmischung darübergeben. Den Salat mit Kurkuma-Dressing beträufelt servieren, mit schwarzem Pfeffer übermahlen.
Kurkuma-Dressing Alle Zutaten in einer kleinen Schüssel mit 2 EL warmem Wasser verrühren; das Dressing mit Salz und Pfeffer abschmecken. Falls nötig, mit etwas warmem Wasser verdünnen.

Nährwerte pro Portion Fett 35,1 g (gesättigte Fettsäuren 9,8 g), Brennwert 2439 kJ (583 kcal), Kohlenhydrate 34,6 g, Protein 24 g, Ballaststoffe 13,1 g
Tipp Rote Bete und Karotten mit Hilfe eines Julienne-Messers in lange dünne Streifen schneiden. Falls Mango oder Trauben gerade Saison haben, ist das eine willkommene Bereicherung für den Salat.
Vorbereitung Das Kurkuma-Dressing kann bis zu 3 Tage im Voraus zubereitet und im Kühlschrank aufbewahrt werden.

WASSERMELONENSALAT MIT INGWER-BASILIKUM-HÄHNCHEN

ZUBEREITUNGS- UND GARZEIT 45 MINUTEN (PLUS KÜHLZEIT) **PORTIONEN** 4

- 1 Handvoll Basilikumblätter, gehackt
- 1 Knoblauchzehe, zerdrückt
- 1 EL geriebener frischer Ingwer
- 60 ml Weißweinessig
- 125 ml natives Olivenöl extra
- 4 Hähnchenbrustfilets mit Haut (à 250 g; siehe Tipp)
- 600 g Wassermelone, geschält, entkernt und in Stücke geschnitten
- 4 Minigurken (120 g), längs in dünne Scheiben geschnitten
- ½ kleine rote Zwiebel (50 g), in dünne Ringe geschnitten
- 85 g ungehäutete Mandeln, geröstet und gehackt
- 1 Handvoll Minzeblätter

- Salz und frisch gemahlener Pfeffer

1 Basilikum, Knoblauch und Ingwer im Mixer mit Essig, und Öl glatt pürieren. Mit Salz und Pfeffer würzen. Die Hälfte des Pürees abgedeckt in den Kühlschrank stellen.
2 Die Hähnchenbrustfilets in eine flache Schale geben. Mit dem restlichen Basilikumpüree übergießen, abdecken und 1 Stunde kalt stellen.
3 Den Backofen auf 200 °C vorheizen. Eine ofenfeste Pfanne bei mittlerer Temperatur erhitzen. Das Fleisch mit der Hautseite nach unten 5 Minuten braten, bis die Haut goldbraun ist. Wenden, mit Salz und Pfeffer würzen. Die Pfanne in den Ofen stellen. Die Hähnchenbrust etwa 12 Minuten garen, bis das Fleisch gerade durch ist. Auf einen Teller legen und abgedeckt 10 Minuten ruhen lassen.
4 Fleisch mit Wassermelone, Gurken, Zwiebel, Mandeln und den Minzeblättern auf einer Platte anrichten. Mit dem zurückbehaltenen Basilikumpüree beträufeln.

Nährwerte pro Portion Fett 77 g (gesättigte Fettsäuren 16 g), Brennwert 3765 kJ (900 kcal), Kohlenhydrate 10 g, Protein 42 g, Ballaststoffe 4 g
Tipp Wir haben hier eine Hähnchenbrust mit Haut und dem ersten Flügelknochen verwendet. Man muss sie beim Geflügelhändler vorbestellen. Sie können aber natürlich auch auf Hähnchenbrustfilets zurückgreifen, wie sie überall erhältlich sind.

SALAT MIT GEGRILLTEM OKTOPUS UND QUINOA-BRÖSELN

ZUBEREITUNGS- UND GARZEIT 55 MINUTEN (PLUS KÜHL- UND ABKÜHLZEIT)
PORTIONEN 4

- 1 kg Mini-Oktopus, küchenfertig vorbereitet
- 250 ml Rotweinessig
- 60 ml natives Olivenöl extra
- 4 Knoblauchzehen, zerdrückt
- 3 TL Räucherpaprika
- 4 mittelgroße Zucchini (480 g), längs in 5 mm dicke Scheiben geschnitten
- 400 g Kirschtomaten, halbiert
- 3 Chicorée, Blätter abgelöst
- 1 Handvoll glatte Petersilienblätter

QUINOA-BRÖSEL

- 100 g weiße Quinoa
- 2 TL natives Olivenöl extra
- 1 lange rote Chilischote, Samen entfernt, fein gehackt
- 2 TL abgeriebene Schale von einer unbehandelten Zitrone
- 2 EL fein gehackte glatte Petersilie

- Salz und frisch gemahlener Pfeffer

1 Oktopus gründlich waschen, dann abtropfen lassen. Mit Küchenpapier trocken tupfen.

2 Essig, Öl, Knoblauch und Paprika in einer Schüssel vermischen; mit Salz und Pfeffer würzen. Den Oktopus hinzufügen, alles gut vermengen. Abdecken und 1 Stunde in den Kühlschrank stellen.

3 Inzwischen die Quinoa-Brösel zubereiten.

4 Eine gefettete Grillpfanne stark erhitzen. Die Zucchini darin 1 Minute von jeder Seite leicht anbräunen. Den marinierten Oktopus über einer Schüssel abtropfen lassen, dabei die Marinade auffangen. Die kleinen Kraken unter ein-, zweimaligem Wenden 3 Minuten grillen, bis sie gerade gar sind.

5 Die aufgefangene Marinade in einen kleinen Topf geben, bei mittlerer Hitze aufkochen und 1 Minute köcheln lassen. Mit Salz und Pfeffer abschmecken.

6 Zucchini, Tomaten, Chicorée- und Petersilienblätter auf Teller verteilen, den Oktopus darauf anrichten. Alles mit der Marinade beträufeln und mit den Bröseln bestreuen.

Quinoa-Brösel Quinoa in ein Sieb geben und unter fließendem Wasser abspülen, dann abtropfen lassen. Das Öl in einer großen schweren Pfanne erhitzen. Quinoa und Chili darin bei mittlerer bis schwacher Hitze unter gelegentlichem Umrühren 25 Minuten goldbraun und knusprig werden lassen. In eine Schüssel umfüllen und abkühlen lassen. Zitronenschale und Petersilie unterrühren; die Brösel mit Salz und Pfeffer würzen.

Nährwerte pro Portion Fett 23 g (gesättigte Fettsäuren 4 g), Brennwert 2064 kJ (493 kcal), Kohlenhydrate 20 g, Protein 44 g, Ballaststoffe 8 g

Tipp Für dieses Rezept können Sie auch kleine Sepien oder Kalmare verwenden.

Vorbereitung Das Rezept kann bis zum Ende von Schritt 3 bis zu 3 Stunden im Voraus zubereitet werden.

MEDITERRANER DINKELSALAT MIT RINDFLEISCH

ZUBEREITUNGS- UND GARZEIT 50 MINUTEN **PORTIONEN** 4

- 100 g Dinkel (siehe Tipps)
- 60 ml Rotweinessig
- 2 Knoblauchzehen, zerdrückt
- 2 EL Majoranblätter, grob gehackt
- 60 ml natives Olivenöl extra
- 4 Rumpsteaks (900 g; siehe Tipps)
- 280 g Artischockenherzen in Öl, abgetropft und geviertelt
- 40 g grüne Oliven, entsteint und halbiert
- 250 g kleine Tomaten, am besten alte Sorten, in Scheiben geschnitten
- 120 g geröstete Paprikaschoten aus dem Glas, in dicke Streifen geschnitten
- 250 g Cannellini-Bohnen aus der Dose, abgespült und abgetropft
- 60 g junge Spinatblätter

MANDEL-PAPRIKA-PESTO

- 120 g geröstete Paprikaschoten aus dem Glas
- 80 g Mandeln, geröstet
- 40 g Parmesan, gerieben
- 1 Knoblauchzehe, zerdrückt
- 2 EL natives Olivenöl extra
- 2 TL Rotweinessig

- Salz und frisch gemahlener Pfeffer

1 Dinkel mit 310 ml Wasser in einen kleinen Topf geben und zum Kochen bringen. Bei reduzierter Hitze zugedeckt etwa 45 Minuten garen. In einem Sieb abtropfen lassen.
2 Inzwischen Rotweinessig, Knoblauch, Majoran und 1 ½ EL des Öls in einer großen Schüssel verrühren; mit Salz und Pfeffer würzen. Die Steaks hineingeben und in der Marinade wenden. 30 Minuten bei Raumtemperatur stehen lassen (siehe Tipps).
3 Inzwischen das Mandel-Paprika-Pesto zubereiten.
4 Das Fleisch abtropfen lassen. In der vorgeheizten Grillpfanne (oder auf dem Grill) 2 Minuten von jeder Seite braten (oder bis zur gewünschten Garstufe). Auf einem Teller abgedeckt 5 Minuten ruhen lassen.
5 Den Dinkel und die Hälfte des Pestos in einer großen Schüssel mit Artischocken, Oliven, Tomaten, Paprika, Bohnen, Spinat und restlichem Öl vermischen; mit Salz und Pfeffer würzen. Den Salat auf Teller verteilen, das Fleisch in dünne Scheiben schneiden. Auf dem Salat anrichten und mit dem restlichen Pesto beträufeln.
Mandel-Paprika-Pesto Alle Zutaten im Mixer pürieren.

Nährwerte pro Portion Fett 57 g (gesättigte Fettsäuren 10 g), Brennwert 4071 kJ (972 kcal), Kohlenhydrate 36,4 g, Protein 74,8 g, Ballaststoffe 12,8 g
Tipps Dinkel ist ein Verwandter des Weizens. In diesem Salat kann man ihn durch Gerste, Naturreis oder grüne Linsen ersetzen. Die Steaks vor dem Garen nach Möglichkeit Raumtemperatur annehmen lassen. Das Pesto schmeckt auch in Tartes, auf Pizza oder Crostini.
Vorbereitung Das Fleisch kann bis zu 1 Stunde mariniert werden. In diesem Fall für die ersten 30 Minuten in den Kühlschrank stellen, dann 30 Minuten bei Raumtemperatur stehen lassen. Nicht länger marinieren, da der Essig die Textur des Fleischs verändert. Dinkel und Pesto können mehrere Stunden im Voraus zubereitet und abgedeckt im Kühlschrank aufbewahrt werden.

SUPERFOOD-SALAT MIT SCHWEINEFILET UND MISO-DRESSING

ZUBEREITUNGS- UND GARZEIT 30 MINUTEN **PORTIONEN** 4

- 1 EL geriebener frischer Ingwer
- 2 EL Olivenöl
- 1 EL Mirin
- 800 g Schweinefilet am Stück
- 200 g Grünkohl, in dünne Streifen geschnitten
- 1 EL frisch gepresster Zitronensaft
- 500 g Rotkohl, in dünne Streifen geschnitten
- 1 große Fenchelknolle (550 g), in dünne Scheiben geschnitten
- 2 EL Sesamsamen, geröstet
- 2 EL kleine Kräuterblätter, am besten Blutampfer

SÜSSES MISO-DRESSING

- 1 EL weiße Miso-Paste (Shiro Miso)
- 1 EL Ahornsirup
- 1 EL frisch gepresster Zitronensaft
- 2 EL Olivenöl

Salz und frisch gemahlener Pfeffer

1 Den Backofen auf 200 °C vorheizen. Ingwer, 1 EL des Öls und Mirin in einer mittelgroßen Schüssel verrühren. Das Schweinefilet darin wenden.
2 Eine beschichtete Pfanne bei starker Hitze vorheizen; das Fleisch darin etwa 3 Minuten von allen Seiten anbräunen. Auf ein Blech legen und für 15 Minuten in den Ofen schieben, bis es gerade durch ist. Auf einem Teller abgedeckt 5 Minuten ruhen lassen.
3 Inzwischen den Grünkohl in eine große Schüssel geben, Zitronensaft und restliches Öl hinzufügen, mit Salz und Pfeffer würzen. Den Grünkohl mit den Händen durchkneten, um ihn weicher zu machen. Rotkohl, Fenchel und Sesam hinzufügen.
4 Das Miso-Dressing zubereiten.
5 Den Salat auf große Teller verteilen. Das Fleisch in Scheiben schneiden und auf dem Salat anrichten. Mit Miso-Dressing beträufeln und mit Kräuterblättchen bestreuen.
Miso-Dressing Alle Zutaten in einer kleinen Schüssel verquirlen.

Nährwerte pro Portion Fett 26,7 g (gesättigte Fettsäuren 4 g), Brennwert 2128 kJ (508 kcal), Kohlenhydrate 14,4 g, Protein 48 g, Ballaststoffe 8 g
Tipps Den Fenchel mit Gemüsehobel in feine Scheiben schneiden. Statt Blutampfer kann man auch Korianderblätter verwenden. Das Dressing passt gut zu Asia-Salaten, aber auch zu gegrilltem Fisch.
Vorbereitung Das Dressing kann schon am Vortag zubereitet und im Kühlschrank aufbewahrt werden.

ROTE-BETE-SALAT MIT ZIEGENKÄSE

ZUBEREITUNGS- UND GARZEIT 1 STUNDE 15 MINUTEN **PORTIONEN** 4

- 4 große Rote Beten (800 g), mit Blättern
- 100 g Puy-Linsen (siehe Tipps), abgespült
- 1 l Gemüsebrühe
- 60 ml natives Olivenöl extra
- 2 EL Rotweinessig
- 1 ½ EL Honig
- 400 g violetter Grünkohl
- 1 mittelgroßer Radicchio (200 g), Blätter grob in Stücke gezupft
- 125 g Ziegenfrischkäse
- 50 g Walnüsse, geröstet und grob gehackt
- 1 Bund rotes Basilikum
- 1 Handvoll Blutampfer

- Salz und frisch gemahlener Pfeffer

1 Blätter von den Roten Beten abschneiden; waschen, trocknen und beiseitelegen – Sie benötigen 120 g. Die Knollen gründlich abbürsten, dann in einen mittelgroßen Topf geben und mit kaltem Salzwasser bedecken. Bei mittlerer Hitze aufkochen, dann die Temperatur reduzieren. Rote Bete abgedeckt etwa 1 Stunde köcheln lassen, bis die Knollen weich sind. Abtropfen und etwas abkühlen lassen, dann schälen und in Spalten schneiden.
2 Inzwischen Linsen und Gemüsebrühe in einen mittelgroßen Topf geben und zum Kochen bringen. Einen gut schließenden Deckel auflegen, die Hitze reduzieren und die Linsen 25 Minuten köcheln lassen, bis sie weich sind. In ein Sieb abgießen.
3 Für das Dressing 2 EL des Öls, Essig und Honig in ein kleines Schraubglas geben; gut schütteln. Mit Salz und Pfeffer würzen.
4 Die Grünkohlblätter von den Stielen streifen und grob in Stücke zupfen. Restliches Öl in einem großem Wok oder einer beschichteten Pfanne stark erhitzen. Grünkohl- und Rote-Bete-Blätter etwa 1 Minute pfannenrühren, bis sie zusammenfallen. In einer großen Schüssel mit Rote Bete, Linsen und Radicchio vermischen.
5 Den Salat auf eine Platte geben, mit Dressing beträufeln und mit Ziegenkäse garnieren. Vor dem Servieren Walnüsse und Kräuterblätter darüberstreuen.

Nährwerte pro Portion Fett 32 g (gesättigte Fettsäuren 8 g), Brennwert 2243 kJ (536 kcal), Kohlenhydrate 35 g, Protein 20 g, Ballaststoffe 12 g
Tipps Die kleinen grünen Linsen aus Le Puy zeichnen sich durch ein nussiges, erdiges Aroma aus. Dank ihrer Robustheit zerfallen sie beim Garen nicht so leicht. Statt Ziegenfrischkäse kann man weichen Feta verwenden.
Vorbereitung Rote Bete, Linsen und Dressing können 1 Tag im Voraus zubereitet werden. Rote Bete und Linsen in Schritt 4 wieder erwärmen oder kalt servieren.

Rosa-Grapefruit-Dressing

Kurkuma-Dressing

Grünes Tahina-Dressing

Gorgonzola-Buttermilch-Dressing

Koriander-Limetten-Dressing

Oliven-Dressing

Dressings

Diese frischen und eigenwilligen Dressings machen auch den schlichtesten Salat zu einem Geschmackserlebnis. Aber warum eigentich nur Salat? Träufeln Sie Dressing auch über Fleisch, Fisch oder gegrillten Käse, um selbst den einfachsten Gerichten das gewisse Etwas zu verleihen. Der Schlüssel liegt in einem ausgewogenen Verhältnis von süß und sauer, und sobald Sie Ihr individuelles Idealmaß gefunden haben, können Sie mit einer ganzen Bandbreite unterschiedlicher Geschmacksnoten experimentieren.

ROSA-GRAPEFRUIT-DRESSING

Zubereitungszeit 15 Minuten
Ergibt 250 ml

1 rosa Grapefruit filetieren: Dafür zunächst die Schale samt der weißen Haut darunter dick abschneiden. Dann über einer Schüssel die einzelnen Fruchtsegmente aus den Trennhäuten schneiden und für den Salat beiseitestellen. Den Rest der Frucht gut ausdrücken und 2 EL Saft in eine kleine Schüssel geben. 60 ml natives Olivenöl extra, 1 fein gehackte Schalotte, 1 Handvoll Granatapfelkerne und 1 ½ EL Rotweinessig dazugeben. Alles verrühren, mit Salz und Pfeffer abschmecken.

Passt zu Meeresfrüchten, Schweinefleisch, Gemüse

KURKUMA-DRESSING

Zubereitungszeit 10 Minuten
Ergibt 125 ml

2 EL Tahina in einer kleinen Schüssel mit 1 ½ EL frisch gepresstem Zitronensaft, 1 TL Honig, 1 Prise gemahlener Kurkuma sowie 2 EL warmem Wasser verrühren, mit Salz und Pfeffer würzen. Falls nötig, mit ein wenig mehr warmem Wasser verdünnen.

Passt zu Fisch- und Gemüsesalaten.

GORGONZOLA-BUTTERMILCH-DRESSING

Zubereitungszeit 10 Minuten
Ergibt 250 ml

75 g milden Gorgonzola und 125 ml Buttermilch glatt mixen, mit Salz und Pfeffer abschmecken. 2 EL geröstete Pinienkerne und 2 EL fein gehackten frischen Schnittlauch unterrühren.

Passt zu gegrilltem Rindfleisch, Schweinefleisch, Geflügel und Fisch.

GRÜNES TAHINA-DRESSING

Zubereitungszeit 10 Minuten
Ergibt 125 ml

2 EL Tahina, 60 ml frisch gepressten Zitronensaft, 2 EL natives Olivenöl extra, 1 kleine zerdrückte Knoblauchzehe, 1 EL frische glatte Petersilienblätter und 1 EL Basilikumblätter in den Mixer geben. Mit 2 EL Wasser glatt pürieren, mit Salz und Pfeffer abschmecken.

Passt zu Fisch-, Lamm- und Gemüsesalaten.

KORIANDER-LIMETTEN-DRESSING

Zubereitungszeit 10 Minuten
Ergibt 60 ml

2 Handvoll frische Korianderblätter, 1 grob gehackte lange grüne Chilischote, 60 ml natives Olivenöl extra und 2 EL frisch gepressten Limettensaft in den Mixer geben; in kurzen Intervallen mixen, bis der Koriander fein gehackt ist.

Passt zu Grünkohl, Fisch und gegrillten Rindfleisch.

OLIVEN-DRESSING

Zubereitungszeit 10 Minuten
Ergibt 125 ml

2 EL Kalamata-Oliven entsteinen. Oliven und 1 kleine Schalotte fein hacken. Mit 60 ml nativem Olivenöl extra, 2 EL frisch gepresstem Zitronensaft und 1 TL grob gehacktem frischem Zitronenthymian in einer kleinen Schüssel verrühren. Mit Salz und Pfeffer abschmecken.

Passt zu Halloumi, Meeresfrüchten, Lamm, Rindfleisch und Geflügel.

OPINEL

BROKKOLI-GRÜNKOHL-SALAT MIT STEAK VOM HOLZKOHLENGRILL

ZUBEREITUNGS- UND GARZEIT 40 MINUTEN (PLUS RUHEZEIT) **PORTIONEN** 4

- 600 g Kronfleisch (siehe Tipp)
- 1 kg Brokkoli, in Röschen geteilt, Strünke in dünne Scheiben geschnitten
- 90 ml natives Olivenöl extra
- 60 ml frisch gepresster Zitronensaft
- 4 Knoblauchzehen, zerdrückt
- 2 TL gemahlener Sumach
- 2 TL Räucherpaprika
- 250 g Grünkohl, Blätter vom Stängel gestreift und in Stücke gezupft
- 1 großes Bund glatte Petersilie
- 80 g Rauchmandeln, grob gehackt
- 1 mittelgroße Zitrone, in Spalten geschnitten

- Meersalzflocken und frisch gemahlener Pfeffer

1 Das Fleisch bei Raumtemperatur etwa 15 Minuten stehen lassen.

2 Inzwischen den Holzkohlengrill vorheizen. Brokkoliröschen, -strünke, 2 EL Öl und die Hälfte des Zitronensafts in eine große Schüssel geben; salzen und pfeffern, dann vermengen. Brokkoli auf dem Grill (oder in einer Grillpfanne) bei mittlerer Hitze 4 Minuten unter gelegentlichem Wenden garen. In eine große Schüssel geben.

3 In einer kleinen Schüssel 1 ½ EL Öl mit Knoblauch, Sumach und Paprika verrühren. Das Fleisch mit Küchenpapier abtupfen. Auf dem heißem Grill (oder in einer Grillpfanne) je 4 Minuten von beiden Seiten (medium) oder bis zur gewünschten Garstufe braten. Auf einem Teller lose abgedeckt 10 Minuten ruhen lassen, dann in dünne Scheiben schneiden.

4 Inzwischen für das Dressing 3 TL Öl und den restlichen Zitronensaft in ein Schraubglas geben und gut schütteln. Mit Salz und Pfeffer abschmecken.

5 In einem großen Wok oder einer Pfanne 1 ½ EL Öl stark erhitzen. Den Grünkohl darin unter Rühren 1 Minute garen, bis er zart, aber noch leuchtend grün ist. Vom Herd nehmen.

6 Grünkohl in einer großen Schüssel mit Brokkoli, Fleisch, Petersilie und dem Dressing vermischen, dann abschmecken. Den Salat auf einer Platte anrichten und mit den Mandeln bestreuen. Dazu Zitronenspalten zum Auspressen servieren.

Nährwerte pro Portion Fett 51 g (gesättigte Fettsäuren 10 g), 2873 kJ (687 kcal), Kohlenhydrate 5 g, Protein 44 g, Ballaststoffe 11 g

Tipp Kronfleisch ist ein Stück vom Rind mit relativ fester Textur und viel Geschmack. Wichtig ist, dass man es vor dem Garen auf Raumtemperatur bringt und danach ruhen lässt. Englisch oder rosa braten und zum Servieren gegen die Faser in dünne Scheiben schneiden. Wer ein zarteres Stück bevorzugt, nimmt Roastbeef.

Vorbereitung Das Dressing kann 2 Tage im Voraus zubereitet werden; im Kühlschrank aufbewahren.

SALAT MIT GERÄUCHERTER LACHSFORELLE

ZUBEREITUNGS- UND GARZEIT 25 MINUTEN **PORTIONEN** 4

- 2 lange rote Chilischoten, Samen entfernt, in lange dünne Streifen geschnitten
- 1 Maiskolben (250 g), Hüllblätter und Fäden entfernt
- 1 heiß geräucherte Lachsforelle (600 g)
- 120 g geputzte Brunnenkresse
- 100 g Edamame (TK), aufgetaut (siehe Tipps)
- 6 Radieschen (200 g), in dünne Scheiben geschnitten
- ½ kleine Avocado (100 g), in Scheiben geschnitten

WASABI-DRESSING

- 1 Handvoll Dill
- 125 ml Mayonnaise
- 2 EL frisch gepresster Zitronensaft
- ½ TL Wasabi-Paste

- Salz und frisch gemahlener Pfeffer

1 Das Wasabi-Dressing zubereiten.

2 Die Chilistreifen in eine Schüssel mit Eiswasser geben, während der Salat zubereitet wird.

3 Den Maiskolben in einer vorgeheizten Grillpfanne (oder auf dem Holzkohlengrill) 10 Minuten garen, bis er ringsum gebräunt und weich ist. Etwas abkühlen lassen, dann die Körner vom Kolben schneiden.

4 Inzwischen die Forelle häuten und entgräten; das Fleisch in Stücke teilen. Mit Mais, Brunnenkresse, Edamame, Radieschen und Avocado auf einer großen Platte anrichten.

5 Den Salat mit Wasabi-Dressing beträufeln, mit den abgetropften Chilistreifen garnieren; mit Salz und Pfeffer würzen.

Wasabi-Dressing Den Dill im Mixer mit den übrigen Zutaten fein pürieren.

Nährwerte pro Portion Fett 50 g (gesättigte Fettsäuren 10 g), Brennwert 2749 kJ (657 kcal), Kohlenhydrate 15 g, Protein 36 g, Ballaststoffe 8 g

Tipps Sie benötigen etwa 200 g Edamame in der Schote, um 100 g Bohnenkerne zu erhalten. Wenn es ganz schnell gehen muss, abgetropfte Maiskörner aus der Dose verwenden.

Serviervorschlag Servieren Sie den Salat mit Pastinaken-Chips. Dazu die Pastinaken auf dem Gemüsehobel in dünne Scheiben schneiden und mit etwas Ölivenöl vermischen. Auf einem mit Backpapier ausgelegten Blech verteilen und im vorgeheizten Ofen bei 180 °C etwa 30 Minuten backen, bis die Chips goldbraun und knusprig sind.

SUPPEN und EINTÖPFE

LIEBLINGSCURRY MIT FLEISCH, FISCH ODER TOFU

ZUBEREITUNGS- UND KOCHZEIT 30 MINUTEN **PORTIONEN** 4

- 2 EL Pflanzenöl
- 2 Knoblauchzehen, gehackt
- 1 EL geriebener frischer Ingwer
- 75 g rote Thai-Currypaste
- 1 mittelgroße Süßkartoffel (400 g), geschält und grob geraspelt
- 250 ml Kokosmilch
- 500 ml Brühe nach Wahl (siehe Tipps)
- 600 g Fleisch, Fisch oder Tofu, in mundgerechte Stücke geschnitten (siehe Tipps)
- 100 g Brokkoli, in Röschen geteilt
- 1 mittelgroße rote Paprikaschote (200 g), in Spalten geschnitten
- 120 g grüne Bohnen, schräg halbiert
- 1 Handvoll Korianderblätter
- 1 mittelgroße Limette, in Spalten geschnitten

- Salz und frisch gemahlener Pfeffer

1 Das Öl in einem großen Topf erhitzen. Knoblauch, Ingwer, Currypaste und Süßkartoffel darin bei schwacher Hitze unter Rühren etwa 5 Minuten anschwitzen, bis die Süßkartoffel weich ist. Mit Kokosmilch und Brühe aufgießen. Portionsweise im Mixer oder mit dem Pürierstab glatt pürieren.
2 Die Sauce in den Topf zurückgießen und wieder erhitzen. Fleisch, Fisch oder Tofu und das Gemüse hinzufügen und 5 Minuten mitköcheln lassen, bis alles gar ist. Das Curry abschmecken.
3 Mit Koriander bestreuen und mit Limettenspalten zum Auspressen servieren.

Nährwerte pro Portion
Rindfleisch Fett 20 g (gesättigte Fettsäuren 7 g), Brennwert 1879 kJ (449 kcal), Kohlenhydrate 21 g, Protein 43 g, Ballaststoffe 7 g
Fisch Fett 19 g (gesättigte Fettsäuren 6 g), Brennwert 1718 kJ (411 kcal), Kohlenhydrate 21 g, Protein 35 g, Ballaststoffe 7 g
Hähnchen Fett 19 g (gesättigte Fettsäuren 6 g), Brennwert 1774 kJ (424 kcal), Kohlenhydrate 21 g, Protein 31 g, Ballaststoffe 7 g
Lamm Fett 24 g (gesättigte Fettsäuren 8 g), Brennwert 2123 kJ (508 kcal), Kohlenhydrate 21 g, Protein 48 g, Ballaststoffe 7 g
Schweinefleisch Fett 18 g (gesättigte Fettsäuren 6 g), Brennwert 1702 kJ (407 kcal), Kohlenhydrate 21 g, Protein 36 g, Ballaststoffe 7 g
Tofu Fett 28 g (gesättigte Fettsäuren 7 g), Brennwert 1870 kJ (447 kcal), Kohlenhydrate 21 g, Protein 23 g, Ballaststoffe 12 g
Tipps Wir haben hier 600 g in dicke Scheiben geschnittenes Roastbeef verwendet. Man kann stattdessen auch Lammrücken, Schweinefilet, Hähnchenbrust, festes weißfleischiges Fischfilet oder Tofuwürfel verwenden. Mitgaren, bis die gewählte Zutat gerade gar ist. Passend dazu Rinder-, Geflügel-, Fischfond oder Gemüsebrühe verwenden. Und das jeweilige Lieblingsgemüse.
Serviervorschlag Zu diesem Curry passt Blumenkohl- oder Brokkolireis (siehe S. 93).

BOHNEN-TOMATEN-EINTOPF MIT MANGOLD UND MANDELBRÖSELN

ZUBEREITUNGS- UND GARZEIT 1 STUNDE 5 MINUTEN **PORTIONEN** 4

- 6 mittelgroße Roma-Tomaten (360 g), längs halbiert
- 80 g Mandeln
- 2 EL Olivenöl
- 2 mittelgroße Zwiebeln (300 g), fein gehackt
- 2 Knoblauchzehen, fein gehackt
- 1 Prise Safranfäden
- ½ TL Cayennepfeffer
- 2 Scheiben Speck (130 g), Schwarte entfernt, fein gehackt
- 1 Dose gewürfelte Tomaten (400 g)
- 100 g Puy-Linsen
- 750 g Mangold, geputzt und Blätter gehackt
- 150 g grüne Bohnen, geputzt, schräg in Stücke geschnitten
- 1 EL abgeriebene Schale von einer unbehandelten Zitrone
- 1 Handvoll krause Petersilie, gehackt
- 30 g Butter
- Salz und frisch gemahlener Pfeffer

1 Den Backofen auf 180 °C vorheizen. Ein Backblech mit Backpapier auslegen.
2 Die Tomatenhälften mit der Schnittseite nach oben auf dem Blech verteilen; großzügig mit Meersalzflocken und frisch gemahlenem schwarzen Pfeffer würzen. 30 Minuten rösten.
3 Inzwischen die Mandeln auf einem zweiten Blech verteilen und zusammen mit den Tomaten 10 Minuten im Ofen rösten, bis sie leicht gebräunt sind und duften. Die Mandeln im Mixer grob hacken.
4 Das Öl in einem großen schweren Topf erhitzen. Zwiebeln, Knoblauch, Safran, Cayennepfeffer und Speck darin bei mittlerer Hitze 5 Minuten unter Rühren anschwitzen, bis die Zwiebel weich und der Speck leicht gebräunt ist. Dosentomaten, Linsen und 500 ml Wasser zugeben. Abgedeckt 20 Minuten köcheln lassen.
5 Den Mangold in zwei Portionen hinzufügen; abgedeckt garen, bis die erste Portion zusammengefallen ist, ehe man die zweite unterrührt. Umrühren. Bohnen und geröstete Tomaten hinzufügen und weitere 5 Minuten garen, bis die Bohnen weich sind. Den Eintopf mit Salz und Pfeffer abschmecken.
6 Mandeln, Zitronenschale und Petersilie in eine kleine hitzebeständige Schüssel geben. Die Butter in einem kleinen Topf bei mittlerer Hitze unter Rühren zerlassen, bis sie zu bräunen beginnt. Über die Mandelmischung gießen und alles gut mischen.
7 Den Eintopf mit Mandelbröseln bestreut servieren.

Nährwerte pro Portion Fett 32 g (gesättigte Fettsäuren 8g), Brennwert 2063 kJ (493 kcal), Kohlenhydrate 24 g, Protein 20 g, Ballaststoffe 14 g
Tipp Für eine vegetarische Version den Speck weglassen.
Serviervorschlag Mit vier Scheiben Sauerteigbrot à 40 g (41,9 g Kohlenhydrate pro Portion) oder mit 1 ½ Tassen gekochtem Naturreis (45,4 g Kohlenhydrate pro Portion) servieren.

GEHALTVOLLE GRÜNKOHL-MINESTRONE MIT FLEISCHBÄLLCHEN

ZUBEREITUNGS- UND KOCHZEIT 1 STUNDE 5 MINUTEN (PLUS KÜHLZEIT) **PORTIONEN** 4

60 ml natives Olivenöl extra

1 mittelgroße Zwiebel (150 g), fein gehackt

1 mittelgroße Karotte (120 g), gewürfelt

2 Selleriestangen (200 g), gewürfelt

2 Dosen gewürfelte Tomaten (800 g)

1 l Hühnerbrühe

1 Dose Cannellini-Bohnen (400 g), abgespült und abgetropft

2 mittelgroße Zucchini (240 g), grob gewürfelt

120 g Grünkohl, geputzt und gehackt

abgeriebene Schale von 1 mittelgroßen unbehandelten Zitrone

1 Knoblauchzehe, fein gehackt

1 kleine Fenchelknolle (200 g), in dünne Scheiben geschnitten (siehe Tipp)

FLEISCHBÄLLCHEN

1 kleine Handvoll glatte Petersilie

2 EL fein gehacktes Basilikum

2 EL fein gehackter Oregano

1 EL fein gehackte Rosmarinblätter

500 g Schweine- und Kalbshackfleisch

1 mittelgroße Karotte (120 g), fein gerieben

30 g Mandelmehl

2 EL Tomatenmark

1 Ei, verquirlt

Salz und frisch gemahlener Pfeffer

1 Die Fleischbällchen zubereiten.

2 In einem großen Topf 1 ½ EL des Öls erhitzen. Die Zwiebel darin bei mittlerer Hitze unter Rühren etwa 5 Minuten anschwitzen. Karotte und Sellerie dazugeben und 5 Minuten mitgaren. Tomaten, Brühe und Bohnen zugeben, alles aufkochen lassen. Auf schwache Hitze herunterschalten, einen Deckel auflegen und 20 Minuten garen. Zucchini und Grünkohl dazugeben und 5 Minuten mitkochen. Die Suppe mit Salz und Pfeffer würzen.

3 Inzwischen das restliche Öl in einer großen Pfanne bei mittlerer Temperatur erhitzen. Die Fleischbällchen darin portionsweise von allen Seiten anbräunen.

4 Fleischbällchen in die Suppe geben und etwa 5 Minuten mitköcheln lassen, bis sie gar sind. Die Minestrone abschmecken.

5 Die Zitronenschale in einer Schüssel mit Knoblauch, Fenchel und der restlichen Petersilie von den Fleischbällchen vermischen. Die Suppe vor dem Servieren mit dieser Mischung garnieren.

Fleischbällchen 2 EL Petersilienblätter beiseitelegen. Restliche Petersilie hacken, mit den übrigen Zutaten in einer Schüssel vermischen und kräftig salzen und pfeffern. Mit einem Esslöffel kleine Portionen von der Masse abstechen und zu Kugeln rollen. Die Hackbällchen auf einem Teller verteilen und 30 Minuten kühlen.

Nährwerte pro Portion Fett 31,5 (gesättigte Fettsäuren 6,7), Brennwert 2528 kJ (604 kcal), Kohlenhydrate 29,1 g, Protein 40,5 g, Ballaststoffe 16,7 g

Tipp Den Fenchel mit einem Gemüsehobel in dünne Scheiben schneiden.

Vorbereitung Die Fleischbällchen können 1 Tag im Voraus zubereitet und abgedeckt im Kühlschrank aufbewahrt werden. Sie lassen sich auch bis zu 3 Monate einfrieren.

GRÜNE CURRY-ZUCCHINI-SUPPE IM GLAS

ZUBEREITUNGS- UND GARZEIT 20 MINUTEN **PORTIONEN** 4

- 2 große Zucchini (300 g)
- 200 g Daikon-Rettich
- 80 ml Fischsauce
- 75 g grüne Currypaste
- 3 TL brauner Zucker
- 400 g Kokoscreme
- 60 ml frisch gepresster Limettensaft
- 75 g grüne Bohnen, halbiert
- 200 g frittierte Tofu-Puffs, grob gehackt (siehe Tipps)
- 75 g geröstete Cashewkerne, gehackt
- 1 Bund Thai-Basilikum, Blätter abgezupft
- 4 Kaffirlimettenblätter, fein geschnitten

1 Zucchini und Daikon mit einem Julienne-Messer, dem Julienne-Aufsatz des Gemüsehobels oder einem Spiralschneider in lange dünne Streifen schneiden.
2 Fischsauce, Currypaste, Zucker, Kokoscreme und Limettensaft in einem Krug verrühren. Die Mischung gleichmäßig auf vier große Einmachgläser verteilen.
3 Vor dem Servieren 1 l kochendes Wasser auf die Gläser verteilen und umrühren (nicht schütteln). Die Suppe 5 Minuten stehen lassen.
4 Vor dem Servieren Zucchini, Daikon und die restlichen Zutaten in den Gläsern arrangieren.

Nährstoffe pro Portion Fett 36 g (gesättigte Fettsäuren 20 g), Brennwert 1962 kJ (469 kcal), Kohlenhydrate 16 g, Protein 16 g, Ballaststoffe 8 g
Tipps Frittierte Tofu-Puffs findet man im Asia-Shop. Suppe im Glas eignet sich perfekt für ein Picknick. Die Gläser vorbereitet in eine Kühltasche packen, das kochende Wasser für den Transport in eine vorgewärmte Thermosflasche füllen.
Vorbereitung Die Gläser können bis zu 4 Stunden im Voraus gefüllt werden.
Serviervorschlag Man kann 100 g nach Packungsangabe zubereitete Reisnudeln direkt vor dem Servieren in die Suppe geben (18,9 g Kohlenhydrate pro Portion).

PROVENZALISCHE LINSENSUPPE MIT CHILI-TINTENFISCH UND ROUILLE

ZUBEREITUNGS- UND KOCHZEIT 1 STUNDE 10 MINUTEN **PORTIONEN** 4

200 g Puy-Linsen

1 lange rote Chilischote, Samen entfernt, in dünne Streifen geschnitten

1 EL natives Olivenöl extra

1 große Zwiebel (200 g), fein gehackt

3 Knoblauchzehe, zerdrückt

3 Sardellenfilets, fein gehackt

2 mittelgroße Karotten (240 g), fein gewürfelt

2 Selleriestangen (300 g), fein gewürfelt

1 kleine Handvoll glatte Petersilie, Blätter und Stängel getrennt gehackt

3 Thymianzweige

2 Lorbeerblätter

6 mittelgroße Zucchiniblüten mit Stiel (120 g)

1,5 l Gemüsebrühe

CHILI-TINTENFISCH

500 g Tintenfischtuben, küchenfertig

1 rote Chilischote, Samen entfernt, fein gehackt

3 Knoblauchzehen, in dünne Scheiben geschnitten

1 EL natives Olivenöl extra

1 unbehandelte Zitrone

ROUILLE

2 EL gegrillte Paprikaschoten aus dem Glas

150 g Mayonnaise

Salz und frisch gemahlener Pfeffer

1 Chili-Tintenfisch und Rouille zubereiten.

2 Die Linsen in einen großen Topf geben; mit Wasser bedecken und zum Kochen bringen. Abgießen. Das Ganze zweimal wiederholen.

3 Chili in Eiswasser geben und kühl stellen.

4 Das Öl in einem großen Topf erhitzen. Die Zwiebel darin unter Rühren etwa 5 Minuten anschwitzen. Knoblauch, Sardellen, Karotten, Sellerie, gehackte Petersilienstiele, Thymian und Lorbeerblätter dazugeben; 5 Minuten unter Rühren anschwitzen.

5 Die Blütenblätter von den Zucchini vorsichtig abzupfen und beiseitelegen. Die Stiele in feine Scheiben schneiden und mit Linsen und Brühe in den Topf geben; aufkochen. 15 Minuten köcheln lassen, bis das Gemüse weich ist; hin und wieder Schaum abschöpfen. Gehackte Petersilienblätter unterrühren. Mit Salz und Pfeffer würzen.

6 Inzwischen den Tintenfisch portionsweise in einer großen Pfanne bei starker Hitze 1 Minute von jeder Seite anbraten. In dünne Scheiben schneiden und mit restlicher Marinade zurück in die Pfanne geben; noch einmal erhitzen und abschmecken. Blütenblätter und abgetropfte Chilistreifen untermischen.

7 Die Suppe mit Tintenfischstreifen und Rouille servieren.

Chili-Tintenfisch Die Tintenfischtuben längs halbieren. Mit einem scharfen Messer die Innenseite gitterartig im Abstand von 5 mm einritzen. Tintenfisch mit Chili, Knoblauch und Öl in eine Schüssel geben. Mit einem Zestenreißer von der Zitrone 1 EL Schale in feinen Streifen abziehen und untermischen. Abdecken und kühl stellen.

Rouille Paprikaschoten im Mixer mit der Mayonnaise glatt pürieren; abschmecken und kalt stellen.

Nährstoffe pro Portion Fett 43 g (gesättigte Fettsäuren 6 g), Brennwert 2901 kJ (693 kcal), Kohlenhydrate 35,2 g, Protein 37 g, Ballaststoffe 12 g

Tipp Wer keinen Zestenreißer besitzt, kann zwei lange Streifen Zitronenschale (ohne weiße Haut) abschälen und fein schneiden. Damit die Suppe klar bleibt, werden die Linsen vor dem Kochen blanchiert.

Vorbereitung Suppe und Rouille können 1 Tag im Voraus zubereitet werden; separat und abgedeckt kühl stellen. Der Tintenfisch kann 6 Stunden in der Marinade warten; er sollte erst kurz vor dem Servieren gegart werden.

Rauchige Paranüsse und Mandeln

Sesam-Algen-Mix

Quinoa-Chips

Mandel-Gremolata

Körnermix für Suppe und Salat

Parmesan-Cracker

Toppings

Durch diese sechs Toppings gewinnen Suppen und Eintöpfe an Gehalt und Textur.

RAUCHIGE PARANÜSSE UND MANDELN

Zubereitungs- und Garzeit 20 Minuten **Ergibt** 300 g

Den Backofen auf 180 °C vorheizen. Ein Backblech mit Backpapier auslegen. 130 g Paranüsse grob hacken; mit 130 g blanchierten Mandeln und 25 g Puffreis auf ein Backblech geben. In einer kleinen Schale 1 Eiweiß mit 2 TL Räucherpaprika, 1 TL gemahlenem Kreuzkümmel und 1 TL Meersalzflocken verrühren. Die Nussmischung damit vermengen. Etwa 10 Minuten rösten, nach der Hälfte der Garzeit durchrühren.

SESAM-ALGEN-MIX

Zubereitungs- und Garzeit 15 Minuten **Ergibt** 100 g

Mit einer Schere 2 Nori-Blätter in dünne Streifen schneiden. In einer kleinen Pfanne 40 g Sesamsamen mit 1 TL Meersalzflocken bei mittlerer Hitze rösten, bis sie goldbraun sind. Nori-Streifen zugeben und 1 Minute mitrösten. In eine Schüssel umfüllen, 40 g Röstzwiebeln und 1 TL Chiliflocken unterrühren.

QUINOA-CHIPS

Zubereitungs- und Garzeit 1 Stunde 30 Minuten **Ergibt** 1 Blech

Den Backofen auf 180 °C vorheizen. Ein Backblech mit Backpapier auslegen. 80 g weiße Quinoa, 2 EL schwarze Chia-Samen, 2 EL Leinsamen, 1 EL natives Olivenöl extra mit 250 ml Wasser in einen kleinen Topf geben. Bei mittlerer Hitze etwa 12 Minuten rühren, bis die Masse eindickt und sich vom Topfrand zu lösen beginnt. 40 g fein geriebenen Parmesan zugeben, 2 Minuten weiterrühren. Vom Herd nehmen, würzen. Die Masse dünn auf dem Blech verstreichen. Mit Backpapier abdecken und 2 mm dünn ausrollen. 20 Minuten backen, dann das obere Papier abziehen. Die Teigplatte vorsichtig wenden und weitere 20 Minuten backen, bis sie goldbraun und knusprig ist. Nach dem Abkühlen in Stücke brechen.

MANDEL-GREMOLATA

Zubereitungs- und Garzeit 10 Minuten **Ergibt** 125 g

70 g geröstete Mandeln grob hacken. 30 g Butter in einem kleinen Topf bei mittlerer Hitze zerlassen; die Mandeln darin unter Rühren rösten, bis sie zu bräunen beginnen; vom Herd nehmen. 1 EL abgeriebene Schale von einer unbehandelten Zitrone und 1 Handvoll gehackte glatte Petersilie unterrühren.

KÖRNERMIX FÜR SUPPE UND SALAT

Zubereitungs- und Garzeit 10 Minuten **Ergibt** 150 g

In einer kleinen beschichteten Pfanne bei mittlerer Hitze 2 EL Olivenöl erwärmen. 60 g grob gehackte Mandeln und 60 g Kürbiskerne dazugeben und 1 Minute unter Rühren rösten. Je 1 EL Koriander- und schwarze Sesamsamen hinzufügen und 2 Minuten mitrösten. Abkühlen lassen.

PARMESAN-CRACKER

Zubereitungs- und Garzeit 20 Minuten **Ergibt** 12 Stück

Den Backofen auf 180 °C vorheizen. Zwei Backbleche mit Backpapier auslegen. 80 g fein geriebenen Parmesan, 2 TL Vollkorn-Weizenmehl, ¼ TL frisch gemahlenen schwarzen Pfeffer und 1 TL fein gehackten Rosmarin in einer mittelgroßen Schüssel vermischen. Mit einem Esslöffel zwölf Portionen abstechen und mit 5 cm Abstand auf den Blechen verteilen. Die Cracker leicht flach drücken – sie sollten einen Durchmesser von 8 cm haben. Im Ofen 6 Minuten backen, bis sie leicht goldbraun sind. Rasch mit einem Palettenmesser lösen und zum Abkühlen über ein Nudelholz legen.

ROTE-BETE-SUPPE MIT KOKOS UND KNUSPRIGEN INGWERLINSEN

ZUBEREITUNGS- UND KOCHZEIT 45 MINUTEN (PLUS RUHEZEIT) **PORTIONEN** 4

- 125 ml natives Olivenöl extra
- 2 große Rote Beten (400 g), geschält und gerieben
- 1 mittelgroße Lauchstange (350 g), in Ringe geschnitten
- 2 Selleriestangen (300 g), in Scheiben geschnitten
- 3 TL geriebener frischer Ingwer
- 1,5 l Gemüsebrühe
- 1 EL frisch gepresster Zitronensaft
- 250 ml Kokosmilch
- 2 EL gehackter Dill
- 1 Dose Linsen (400 g), abgespült und abgetropft
- Salz und frisch gemahlener Pfeffer

1 In einem großen Topf 2 EL des Öls erhitzen. Rote Bete, Lauch, Sellerie und 2 TL des Ingwers darin bei mittlerer Hitze 15 Minuten anschwitzen.

2 Brühe dazugeben und zum Kochen bringen; 5 Minuten köcheln lassen, dann den Topf vom Herd nehmen und für 10 Minuten beiseitestellen. Dann die Suppe portionsweise im Mixer mit Zitronensaft, der Hälfte der Kokosmilch und des Dills glatt pürieren. In den Topf zurückgießen und bei schwacher Hitze unter gelegentlichem Rühren wieder erwärmen. Abschmecken.

3 Inzwischen die Linsen mit Küchenpapier trocken tupfen. Restliches Öl in einer großen Pfanne stark erhitzen. Linsen und restlichen Ingwer darin unter Rühren 8 Minuten braten, bis sie knusprig sind. Auf Küchenpapier abtropfen lassen.

4 Die Suppe auf Tassen verteilen, mit der restlichen Kokosmilch beträufeln. Mit dem übrigen Dill und den knusprigen Linsen garnieren.

Nährwerte pro Portion Fett 22 g (gesättigte Fettsäuren 7 g), Brennwert 1530 kJ (366 kcal), Kohlenhydrate 25 g, Protein 11 g, Ballaststoffe 11 g
Vorbereitung Man kann die Suppe bis zu 2 Tage im Voraus kochen; in den Kühlschrank stellen. Die Linsen dann erst kurz vor dem Servieren braten und dazugeben. Tiefgekühlt hält sich die Suppe bis zu 2 Monate.
Serviervorschlag Mit 4 Scheiben Roggenbrot à 40 g servieren (14 g Kohlenhydrate pro Portion).

DUFTENDES VIETNAMESISCHES SCHMORFLEISCH

ZUBEREITUNGS- UND GARZEIT 3 STUNDEN 10 MINUTEN **PORTIONEN** 4

- 1 EL Reiskeimöl
- 1 kg Rinderschulter, in 3 cm große Würfel geschnitten
- 2 mittelgroße rote Zwiebeln (340 g)
- 1 Stängel Zitronengras, zerdrückt und geviertelt
- 1 TL chinesisches Fünf-Gewürze-Pulver
- 3 Sternanis
- 2 Gewürznelken
- ¼ TL Kardamomsamen
- 5 mittelgroße Tomaten (750 g), gehackt
- 60 ml Fischsauce
- frisch gemahlener Pfeffer
- 2 EL frisch gepresster Limettensaft
- 1 TL Meersalzflocken
- 800 junge Karotten in verschiedenen Farben, geputzt und geschält
- 125 g junge Maiskölbchen, schräg in Scheiben geschnitten
- 80 g Bohnensprossen
- 1 Handvoll Thai-Basilikumblätter
- 1 lange rote Chilischote, in dünne Ringe geschnitten
- 1 mittelgroße Limette, in Spalten geschnitten

1 Das Öl in einem großen schweren Topf stark erhitzen. Das Fleisch darin portionsweise 5 Minuten rundum anbräunen. Aus dem Topf nehmen.

2 Die Hitze auf mittlere Stufe stellen. Eine der Zwiebeln grob hacken. Unter Rühren 5 Minuten anschwitzen. Zitronengras und Gewürze dazugeben und 1 Minute weiterrühren, bis sie duften. Tomaten dazugeben und etwa 4 Minuten mitgaren.

3 Das Fleisch zurück in den Topf geben, mit der Fischsauce und 1 l Wasser aufgießen; mit Pfeffer würzen. Zum Kochen bringen, dann abgedeckt bei schwacher Hitze unter gelegentlichem Umrühren etwa 2 Stunden köcheln lassen, bis das Fleisch sehr zart ist.

4 Inzwischen die restliche Zwiebel einlegen: In dünne Ringe schneiden und mit Limettensaft und Salz in einer mittelgroßen Schüssel vermischen. Abgedeckt mindestens 1 Stunde stehen lassen. Vor der Verwendung abtropfen lassen.

5 Karotten und Mais zum Fleisch in den Topf geben und abgedeckt 20 Minuten mitgaren, bis die Karotten weich sind. Das Gericht abschmecken.

6 Vor dem Servieren eingelegte Zwiebel, Bohnensprossen, Basilikum und Chili dazugeben. Mit Limettenspalten zum Auspressen reichen.

Nährwerte pro Portion Fett 24 g (gesättigte Fettsäuren 8 g), Brennwert 2381 kJ (569 kcal), Kohlenhydrate 23 g, Protein 59 g, Ballaststoffe 14 g

Tipp Falls frisches Thai-Basilikum nicht erhältlich ist, Koriander verwenden.

Vorbereitung Das Schmorfleisch kann bis zu 1 Tag im Voraus zubereitet und kühl gestellt oder bis zu 2 Monate eingefroren werden. Die eingelegte Zwiebel dann frisch zubereiten und mit den übrigen Toppings vor dem Servieren hinzufügen.

Serviervorschlag Dazu passen Daikon-Nudeln (siehe S. 23), Brokkoli- oder Blumenkohlreis (siehe S. 93).

Süßkartoffel-Toast

Erbsenpüree mit Minze

Brokkolireis

Gebackenes Wurzelgemüse

Wolkenbrot-Semmeln

Blumenkohlreis

Beilagen

Reich an Geschmack, aber arm an Kohlenhydraten – die perfekte Ergänzung zu einer heißen Suppe oder einem Eintopf.

SÜSSKARTOFFEL-TOAST

Zubereitungs- und Garzeit 40 Minuten **Portionen** 6

Den Backofen auf 200 °C vorheizen. Ein Backblech mit Backpapier auslegen. 3 kleine Süßkartoffeln (750 g) längs in 1 cm dicke Scheiben schneiden. Auf das Blech geben; mit 1 EL Olivenöl, Salz und Pfeffer vermengen. Etwa 25 Minuten rösten, dann herausnehmen. Den Backofengrill auf höchste Stufe schalten. Pesto auf jede Scheibe geben. Alles mit 40 g grob geriebenem Gruyère bestreuen. Unter dem Grill 2 Minuten gratinieren.

ERBSENPÜREE MIT MINZE

Zubereitungs- und Garzeit 10 Minuten **Portionen** 4

500 g junge TK-Erbsen kochen, dämpfen oder in der Mikrowellen garen, dann abtropfen lassen. In den Mixer geben und mit 1 Handvoll frischen Minzeblättern, 120 g Crème fraîche und 1 TL Zitronensaft fast glatt pürieren; mit Salz und Pfeffer abschmecken. Falls gewünscht, mit Minzeblättchen bestreuen.

BROKKOLIREIS

Zubereitungs- und Garzeit 10 Minuten **Portionen** 4

750 g Brokkoli mit dem Strunk grob hacken. Im Mixer in kurzen Intervallen zerkleinern, bis er Reiskörnern ähnelt. 2 EL Olivenöl in einem Wok oder in einer großen Pfanne bei mittlerer Temperatur erhitzen. 2 zerdrückte Knoblauchzehen, 2 TL geriebenen frischen Ingwer (nach Belieben) und 1 fein gehackte kleine rote Chilischote dazugeben; 1 Minuten rühren, bis es duftet. Den gehackten Brokkoli hinzufügen und etwa 4 Minuten unter Rühren garen, bis er weich geworden ist. Mit Salz und Pfeffer abschmecken.

GEBACKENES WURZELGEMÜSE

Zubereitungs- und Garzeit 50 Minuten **Portionen** 4

Den Backofen auf 220 °C vorheizen. Ein großes Backblech mit Backpapier auslegen; das Papier mit 1 EL Olivenöl bestreichen; 2 kleine Süßkartoffeln (500 g) und 2 große Pastinaken (700 g) in Spalten schneiden, mit je 1 TL Räucherpaprika und Meersalzflocken vermengen. Die Gemüsestücke auf dem Blech verteilen. 1 Bund junge Rote Bete (500 g) in Spalten schneiden, würzen und dazugeben. Das Gemüse im Ofen 40 Minuten garen.

WOLKENBROT-SEMMELN

Zubereitungs- und Garzeit 40 Minuten **Ergibt** 8 Semmeln

Den Backofen auf 140 °C vorheizen. Zwei große Backbleche mit Backpapier auslegen. In einer mittelgroßen Schüssel 3 Eiweiß mit ¼ TL Weinsteinpulver steif schlagen. 3 Eigelb in einer großen Schüssel mit 50 g Hüttenkäse und ¼ TL Salz verquirlen; das Eiweiß unterheben. Von der Masse mit einem großen Löffel acht Portionen abstechen und mit jeweils 10 cm Abstand auf den Blechen verteilen. Die fertigen Brötchen sollen einen Durchmesser von 9 cm haben. 30 Minuten backen, bis sie goldgelb sind.

BLUMENKOHLREIS

Zubereitungs- und Garzeit 15 Minuten **Portionen** 4

750 g Blumenkohl mit dem Strunk grob hacken. In den Mixer geben und in kurzen Intervallen zerkleinern, bis das Gemüse Reiskörnern ähnelt. In einem Wok 2 EL Olivenöl bei mittlerer Temperatur erhitzen. 2 zerdrückte Knoblauchzehen und 2 TL fein geriebenen frischen Ingwer (nach Belieben) dazugeben; 1 Minute rühren, bis es duftet. Den gehackten Blumenkohl hinzufügen und etwa 4 Minuten unter gelegentlichem Rühren garen. Abschmecken und mit gehackter frischer Petersilie bestreuen.

TOPINAMBURSUPPE MIT APFEL, BLUMENKOHL UND ROSENKOHL

ZUBEREITUNGS- UND GARZEIT 1 STUNDE (PLUS RUHEZEIT) **PORTIONEN** 4

- 60 g Butter
- 500 g Topinambur, geschält und in Scheiben geschnitten
- ½ kleiner Blumenkohl (500 g), gehackt
- 2 große süße Äpfel (400 g), geschält, Kerngehäuse entfernt, grob gehackt
- 2 Knbolauchzehen, grob gehackt
- 1 l Hühnerbrühe
- 1 EL Zitronensaft
- 60 ml natives Olivenöl extra
- 400 g Rosenkohl, geputzt und halbiert
- 50 g enthäutete geröstete Haselnüsse, halbiert (siehe Tipp)
- Salz und frisch gemahlener Pfeffer

1 Die Butter in einem großen Topf bei starker Hitze zerlassen. Topinambur dazugeben und unter Rühren 10 Minuten garen, bis er karamellisiert und goldbraun ist. Die Hitze auf mittlere Stufe reduzieren, Blumenkohl, Äpfel und Knoblauch hinzufügen; 2 Minuten unter Rühren anschwitzen. Die Brühe dazugießen und aufkochen lassen. Die Suppe im geschlossenen Topf bei schwacher Hitze 25 Minuten köcheln lassen.
2 Den Topf vom Herd nehmen und für 20 Minuten zum Abkühlen beiseitestellen. Den Zitronensaft dazugeben. Die Suppe im Mixer portionsweise glatt pürieren. In den Topf zurückgießen und unter gelegentlichem Umrühren bei schwacher Hitze wieder erwärmen. Abschmecken.
3 Inzwischen 2 EL des Öls in einer großen Pfanne oder im Wok bei mittlerer bis hoher Temperatur erhitzen. Den Rosenkohl 4 Minuten pfannenrühren, bis er leicht gebräunt und fast weich ist.
4 Die Suppe in tiefe Teller schöpfen, den Rosenkohl dazugeben. Mit schwarzem Pfeffer übermahlen, mit dem restlichen Öl beträufeln und mit den Haselnüssen bestreuen.

Nährwerte pro Portion Fett 35 g (gesättigte Fettsäuren 11 g), Brennwert 2093 kJ (500 kcal), Kohlenhydrate 29 g, Protein 10 g, Ballaststoffe 14 g
Tipp Die Haselnüsse auf einem Blech verteilen und im auf 180 °C vorgeheizten Ofen etwa 7 Minuten rösten, bis sie goldbraun sind. Oder die Nüsse in eine schwere Pfanne geben und bei mittlerer Hitze unablässig rühren, bis sie gleichmäßig gebräunt sind.
Vorbereitung Die Suppe kann man bis zum Ende von Schritt 2 am Vortag zubereiten. Sie hält sich tiefgekühlt bis zu 2 Monate.

Grill- und OFEN-GERICHTE

CHAMPIGNON-CHEESEBURGER

ZUBEREITUNGS- UND GARZEIT 50 MINUTEN **PORTIONEN** 4

Riesen- oder Portobello-Champignons stecken nicht nur voller Umami, sie sind auch die einzige pflanzliche Quelle für Vitamin D und enthalten zudem einige B-Vitamine.

- 8 Riesenchampignons (à 100 g), geputzt
- 125 ml Olivenöl
- 1 mittelgroße Aubergine (300 g), in 4 dicke Scheiben geschnitten
- 4 Scheiben Ziegen-Feta (200 g)
- 400 g Tomaten, in dünne Scheiben geschnitten
- 1 EL Balsamico-Essig
- 2 kleine Avocados (400 g), in dünne Scheiben geschnitten
- 100 g junger Spinat

RUCOLA-WALNUSS-PESTO

- 1 Bund Rucola (50 g)
- 1 Handvoll Basilikumblätter
- 50 g Walnüsse, grob gehackt
- 1 Knoblauchzehe, zerdrückt
- 2 EL fein geriebener Parmesan
- 125 ml natives Olivenöl extra
- 2 EL frisch gepresster Zitronensaft

- Salz und frisch gemahlener Pfeffer

1 Den Backofen auf 200 °C vorheizen. Zwei Bleche mit Backpapier auslegen.

2 Die Champignons mit der Hutseite nach oben auf ein Backblech setzen. Mit 2 EL des Öls beträufeln, mit Salz und Pfeffer würzen. Die Auberginenscheiben auf das zweite Backblech geben. Mit 4 EL des restlichen Öls beträufeln. Beide Bleche für 35 Minuten in den Backofen schieben.

3 Inzwischen das Rucola-Walnuss-Pesto zubereiten.

4 Feta auf ein Backblech legen und 5 Minuten unter dem heißen Grill gratinieren.

5 Die Tomaten in einer mittelgroßen Schüssel mit dem restlichen Öl und dem Essig vermischen.

6 Vier Pilze mit der runden Seite nach unten auf Teller verteilen. Feta, Aubergine, Tomaten, Avocado, Spinat und Pesto daraufgeben. Die restlichen Pilze mit der runden Seite nach oben daraufsetzen. Mit Meersalzflocken bestreuen.

Rucola-Walnuss-Pesto Rucola, Basilikum, Walnüsse, Knoblauch und Parmesan im Mixer pürieren. Das Öl in dünnem Strahl dazugießen, zum Schluss den Zitronensaft untermixen. Ist das Pesto zu dick, mit 1 EL Wasser verdünnen. Mit Salz und Pfeffer würzen.

Nährwerte pro Portion Fett 99,9 g (gesättigte Fettsäuren 21,6), Brennwert 4319 kJ (1032 kcal), Kohlenhydrate 6,3 g, Protein 21,2 g, Ballaststoffe 10,8 g

Tipp Das Pesto eignet sich auch gut für Sandwiches oder zur Verfeinerung von Gemüsesuppen.

Vorbereitung Das Pesto kann 1 Woche im Voraus zubereitet werden. In ein Schraubglas füllen, mit einer dünnen Schicht Öl bedecken und gut verschlossen im Kühlschrank aufbewahren. In einer kleinen Tiefkühlbox lässt es sich auch bis zu 3 Monate einfrieren.

SCHWEINEFLEISCH VIETNAMESISCHE ART IM SALATKÖRBCHEN

ZUBEREITUNGS- UND GARZEIT 2 STUNDEN (PLUS KÜHL- UND RUHEZEIT) **PORTIONEN** 4

Mit diesem Rezept am Vortag beginnen.

125 ml Fischsauce

125 ml frisch gepresster Limettensaft

75 g Zucker

4 Knoblauchzehen, gehackt

4 lange rote Chilischoten, gehackt

8 Frühlingszwiebeln, gehackt

1 Bund Koriander, Wurzeln, Stiele und Blätter getrennt (siehe Tipps)

1,2 kg Schweinenacken

2 EL Pflanzenöl

2 kleine Gurken (260 g)

1 kleiner Kopfsalat (200 g), Blätter abgelöst

400 g Tomaten in verschiedenen Farben, in dicke Scheiben geschnitten

160 g Bohnensprossen

1 mittelgroße Limette, in Spalten geschnitten

1 Fischsauce, Limettensaft, Zucker, Knoblauch, Chili, Frühlingszwiebeln, Korianderwurzeln und -stiele in den Mixer geben und alles fast glatt pürieren. Das Fleisch rundum mit der Marinade einreiben. Abgedeckt 6 Stunden oder über Nacht in den Kühlschrank stellen.
2 Den Backofen auf 180 °C vorheizen.
3 Das Fleisch aus der Marinade nehmen, die Marinade beiseitestellen. Das Öl in einem großen ofenfesten Bräter bei mittlerer bis hoher Temperatur erhitzen. Das Fleisch von allen Seiten anbräunen. Den Bräter in den Ofen stellen und das Fleisch etwa 1 ½ Stunden garen. Aus dem Ofen nehmen und abgedeckt 5 Minuten ruhen lassen.
4 Inzwischen die restliche Marinade in einem kleinen Topf bei niedriger Temperatur erhitzen. Unter gelegentlichem Umrühren etwa 15 Minuten köcheln lassen, bis sie auf die Hälfte reduziert ist. Abkühlen lassen.
5 Den Braten in Scheiben schneiden. Die Gurken mit einem Sparschäler in lange, dünne Streifen schneiden.
6 Vier Draht- oder Bambuskörbe (oder große Teller) mit Salatblättern auslegen. Das Fleisch zusammen mit Gurken, Tomaten, Bohnensprossen und Korianderblättern darauf anrichten; mit der reduzierten Marinade beträufeln und mit Limettenspalten zum Auspressen servieren.

Nährwerte pro Portion Fett 14 g (gesättigte Fettsäuren 2 g), Brennwert 2254 kJ (539 kcal), Kohlenhydrate 29 g, Protein 70 g, Ballaststoffe 8 g
Tipps Im Asia-Shop findet man oft frischen Koriander mit den Wurzeln. Man kann sie hier mitverwenden, vorher nur gründlich waschen. Ist kein ofenfester Bräter vorhanden, das Fleisch in einer großen Pfanne anbraten und anschließend in eine ofenfeste Form umbetten.

GEGRILLTER MARINIERTER TOFU MIT CHINESISCHEM BROKKOLI

ZUBEREITUNGS- UND GARZEIT 35 MINUTEN (PLUS KÜHLZEIT) **PORTIONEN** 4

- ½ TL gemahlener Koriander
- ½ TL gemahlener Kreuzkümmel
- ½ Bund Koriander, Blätter abgezupft, Stiele und Wurzeln gehackt
- 3 Knoblauchzehen, zerdrückt
- 2 EL grob gehackter frischer Ingwer
- 60 ml Pflanzenöl
- 600 g fester Tofu
- 2 Frühlingszwiebeln, nur das Grüne in dünne Streifen geschnitten
- 500 g Kai-lan (chinesischer Brokkoli), geputzt und halbiert
- 200 g Kaiserschoten, geputzt
- 2 EL Chinkiang-Essig
- 2 TL Fischsauce
- 1 TL brauner Zucker
- 1 TL Sesamöl
- 1 TL Chiliöl
- 1 lange rote Chilischote, in dünne Ringe geschnitten

1 Gemahlene Gewürze, 2 EL Korianderwurzeln und -stiele, Knoblauch, Ingwer und 1 EL des Öls in eine mittelgroße Schüssel geben.

2 Den Tofu trocken tupfen, in eine flache Glas- oder Porzellanform legen und rundherum mit Marinade bepinseln, dabei 1 EL der Marinade zurückbehalten. Tofu abdecken und 30 Minuten in den Kühlschrank stellen. Die Frühlingszwiebeln in eine Schale mit Eiswasser geben.

3 In einer Grillpfanne 1 EL des Öls bei mittlerer bis hoher Temperatur erhitzen. Den Tofu 2 Minuten von jeder Seite braten, bis er knusprig und heiß ist. Auf einen Teller legen, abdecken und warm halten.

4 Restliches Öl in einem Wok oder einer große Pfanne stark erhitzen. Kai-lan-Stiele 1 Minute pfannenrühren. Die übrige Marinade hinzufügen, 1 Minute weiterrühren, dann 2 EL Wasser, Kai-lan-Blätter, Kaiserschoten, Essig, Fischsauce und Zucker dazugeben; das Gemüse noch 1 Minute pfannenrühren, bis alles gut vermischt ist. Vom Herd nehmen, Sesam- und Chiliöl unterrühren.

5 Den Tofu in Stücke schneiden und mit dem Gemüse und der Flüssigkeit aus der Pfanne beträufelt servieren. Mit Korianderblättern, Chiliringen und Frühlingszwiebeln bestreuen.

Nährwerte pro Portion Fett 31 g (gesättigte Fettsäuren 4 g), Brennwert 1721 kJ (411 kcal), Kohlenhydrate 11 g, Protein 22 g, Ballaststoffe 12 g

Tipps Das Blattgemüse Kai-lan wird oft auch als chinesischer Brokkoli bezeichnet. Chinkiang-Essig ist ein dunkler chinesischer Reisessig. Soll es vegetarisch sein, Sojasauce anstelle von Fischsauce verwenden.

GESCHMORTE LAMMSCHULTER MIT RAUCHIGEM AUBERGINENSALAT

ZUBEREITUNGS- UND GARZEIT 4 STUNDEN (PLUS KÜHL- UND RUHEZEIT) **PORTIONEN** 6

Mit diesem Rezept am Vortag beginnen.

- 1 EL Koriandersamen
- 1 EL Kreuzkümmelsamen
- 2 EL natives Olivenöl extra
- 1 EL Räucherpaprika
- 2 kg Lammschulter mit Knochen
- 1 mittelgroße Knoblauchknolle (70 g), Zehen abgelöst und geschält
- 2 EL Granatapfelsamen
- 2 EL Granatapfelsirup
- 420 g griechischer Joghurt (10 %)
- 1 Handvoll Minzeblätter

RAUCHIGER AUBERGINENSALAT

- 4 kleine Auberginen (920 g)
- 1 EL Rotweinessig
- 60 ml natives Olivenöl extra
- 400 g Frühlingszwiebeln, in dünne Ringe geschnitten
- 80 g geputzte Brunnenkresse
- Salz und frisch gemahlener Pfeffer

1 Koriander und Kreuzkümmel im Mörser leicht zerstoßen. Mit Öl und Paprika verrühren.
2 Lamm und Knoblauch in eine große Schüssel geben, die Marinade dazugeben und alles mit den Händen gut vermengen. Abdecken und 6 Stunden oder über Nacht in den Kühlschrank stellen.
3 Den Backofen auf 160° C vorheizen. Lamm mit Knoblauch und Marinade in eine ofenfeste Form geben. Mit Backpapier abdecken, dann mit zwei Lagen Alufolie gut verschließen. Für 3 Stunden in den Ofen schieben.
4 Die Backofentemperatur auf 180 °C erhöhen. Folie und Backpapier entfernen und das Fleisch weitere 45 Minuten garen, bis es schön gebräunt ist und vom Knochen fällt. Abgedeckt 30 Minuten ruhen lassen. Das Fleisch in große Stücke teilen, mit dem Knoblauch vermengen.
5 Inzwischen den rauchigen Auberginensalat zubereiten.
6 Lamm auf dem Auberginensalat anrichten und die Granatapfelkerne darüberstreuen. Mit Granatapfelsirup beträufeln, mit Joghurt und Minze garnieren.

Rauchiger Auberginensalat Die Auberginen mehrfach einstechen und direkt über dem Gasbrenner einer Kochstelle oder des Grills platzieren (zum rascheren Garen mit einer umgedrehten Metallschüssel abdecken). Unter gelegentlichem Wenden etwa 18 Minuten rösten, bis die Haut angesengt und blasig ist. In eine Schüssel geben und 10 Minuten abkühlen lassen. Stielansatz und Haut entfernen, das Fruchtfleisch längs in Stücke teilen. Zusammen mit dem ausgetretenen Saft in die Schüssel zurückgeben. Mit Essig, Salz und Pfeffer würzen. Inzwischen das Öl in einer großen Pfanne schwach erhitzen. Die Frühlingszwiebel unter gelegentlichem Rühren etwa 20 Minuten goldbraun braten, dann auf Küchenpapier abtropfen lassen. Zum Servieren Aubergine mit Zwiebeln und Brunnenkresse auf einer Platte oder auf Tellern anrichten.

Nährwerte pro Portion Fett 35 g (gesättigte Fettsäuren 12 g), Brennwert 2624 (627 kcal), Kohlenhydrate 21 g, Protein 52 g, Ballaststoffe 8 g

Tipp Falls Sie keinen Gasherd oder -grill haben, die Auberginen im Backofen bei 220 °C etwa 45 Minuten rösten, bis sie zusammenfallen.

GEBACKENES WINTERGEMÜSE MIT KÖRNER-TOPPING

ZUBEREITUNGS- UND BACKZEIT 1 STUNDE 45 MINUTEN **PORTIONEN** 4

- 1 EL natives Olivenöl extra
- 1 mittelgroße Lauchstange (350 g), geputzt, weißer Teil gehackt
- 1 TL fein gehackte Rosmarinblätter
- 1 TL Thymianblätter
- 1 Dose gewürfelte Tomaten (400 g)
- 250 ml Gemüsebrühe
- 6 geräucherte Knoblauchzehen, geschält und mit dem Handballen angedrückt (siehe Tipps)
- 2 mittelgroße Karotten (240 g), in 2 cm große Stücke geschnitten
- 3 mittelgroße Pastinaken (750 g), in 2 cm große Stücke geschnitten
- 400 g Butternusskürbis, in 2 cm große Stücke geschnitten
- ½ mittelgroße Sellerieknolle (375 g), in 2 cm große Stücke geschnitten
- 2 Selleriestangen (300 g), in dicke Scheiben geschnitten
- 120 g saure Sahne
- etwas Petersilie zum Garnieren

KÖRNER-TOPPING

- 115 g Sonnenblumenkerne
- 60 g Mandelmehl
- 2 EL Tahina
- 1 Handvoll glatte Petersilie, gehackt

- Salz und frisch gemahlener Pfeffer

1 Den Backofen auf 200 °C vorheizen.
2 Das Öl bei mittlerer Temperatur in einer Pfanne erhitzen; Lauch und Kräuter darin unter Rühren 5 Minuten goldbraun anbraten. Tomaten, Brühe und Knoblauch hinzufügen und die Sauce 10 Minuten köcheln lassen. Mit Salz und Pfeffer abschmecken.
3 Karotten, Pastinaken, Kürbis, Knollen- und Staudensellerie in einer großen ofenfesten Form (21 × 30 cm) vermischen; mit Salz und Pfeffer würzen. Die Tomatensauce über das Gemüse gießen; mit einem Bogen Backpapier abdecken. Die Form fest mit Alufolie verschließen und für 1 Stunde in den Ofen schieben.
4 Inzwischen das Körner-Topping zubereiten.
5 Das Gemüse in der Form mit dem Topping bestreuen, dann weitere 15 Minuten backen.
6 Das gebackene Gemüse mit einem Klecks saurer Sahne servieren. Mit Petersilie bestreuen und mit schwarzem Pfeffer übermahlen.
Körner-Topping Alle Zutaten in einer mittelgroßen Schüssel mischen.

Nährstoffe pro Portion Fett 42 g (gesättigte Fettsäuren 7 g), Brennwert 2754 kJ (658 kcal), Kohlenhydrate 35 g, Protein 23 g, Ballaststoffe 24 g
Tipps Falls geräucherter Knoblauch nicht erhältlich ist, kann man auch gewöhnlichen verwenden und etwas Räuchersalz oder Räucherpaprika hinzufügen. Anstelle des Körner-Toppings eignet sich geriebener Käse oder zerkrümelter Feta.

AUBERGINEN-TOMATEN-GRATIN MIT KÄSE-JOGHURT-TOPPING

ZUBEREITUNGS- UND BACKZEIT 1 STUNDE **PORTIONEN** 4

- 2 mittelgroße Auberginen (600 g), fein gewürfelt
- 75 ml Olivenöl
- 1 mittelgroße Zwiebel (150 g), fein gehackt
- 200 g braune Champignons, in Scheiben geschnitten
- 2 Knoblauchzehen, fein gehackt
- 6 große Roma-Tomaten (540 g), gehackt
- 1 kleine Handvoll glatte Petersilie, grob gehackt
- 4 Eigelb
- 2 Eier
- 420 g griechischer Joghurt (10 %)
- 120 g fein geriebener Parmesan
- Salz und frisch gemahlener Pfeffer

1 Den Backofen auf 200 °C vorheizen. Vier flache ofenfeste Formen mit je 500 ml Fassungsvermögen auf ein Backblech stellen.
2 Die Auberginenwürfel mit 1 TL Salz vermengen und in ein Sieb geben. Über einer Schüssel 20 Minuten abtropfen lassen.
3 Inzwischen 1 EL Öl in einer großen Pfanne bei mittlerer Temperatur erhitzen. Die Zwiebel darin unter Rühren 2 Minuten goldgelb anschwitzen. Die Pilze unter Rühren 5 Minuten mitbraten, bis sie leicht gebräunt sind. Knoblauch und Tomaten dazugeben, alles 10 Minuten köcheln lassen.
4 Die Auberginenwürfel zwischen Küchenpapier trocken tupfen. In einer großen Pfanne 2 EL Öl stark erhitzen; die Hälfte der Auberginen darin unter Rühren 3 Minuten goldbraun braten. Mit restlichem Öl und Auberginen wiederholen. Die Auberginen und den größten Teil der Petersilie unter die Tomatenmischung rühren; würzen. Auberginenmischung auf die Förmchen verteilen.
5 Eigelbe, ganze Eier, Joghurt und den größten Teil des Parmesans in einer mittelgroßen Schüssel verrühren. Die Joghurtmischung über die Auberginenmasse in den Formen gießen und mit dem restlichen Parmesan bestreuen. Im heißen Ofen 12 Minuten goldbraun backen. Mit restlicher Petersilie bestreut servieren.

Nährwerte pro Portion Fett 43 g (gesättigte Fettsäuren 14 g), Brennwert 2445 kJ (584 kcal), Kohlenhydrate 18 g, Protein 28 g, Ballaststoffe 6 g
Vorbereitung Die Auberginen können bis zum Ende von Schritt 4 schon am Vortag zubereitet werden.
Serviervorschlag Dazu passt ein grüner Salat.

GRATINIERTE MIESMUSCHELN MIT KICHERERBSENBRÖSELN

ZUBEREITUNGS- UND GARZEIT 25 MINUTEN **PORTIONEN** 2

- 125 g Kichererbsen aus der Dose, abgespült und abgetropft
- 30 g Mandelmehl
- 3 Knoblauchzehen, zerdrückt
- 2 EL fein gehackte glatte Petersilie
- 1 TL abgeriebene Schale von einer unbehandelten Zitrone
- 2 EL natives Olivenöl extra
- 1 kg Miesmuscheln, geputzt (siehe Tipps)
- 1 mittelgroße unbehandelte Zitrone

FENCHELSALAT

- 1 mittelgroße Fenchelknolle (300 g), in hauchdünne Scheiben geschnitten
- 1 Selleriestange (100 g), schräg in dünne Scheiben geschnitten
- 1 Handvoll glatte Petersilienblätter
- 1 EL frisch gepresster Zitronensaft
- 2 TL natives Olivenöl extra

- Salz und frisch gemahlener Pfeffer

1 Die Kichererbsen mit Küchenpapier trocken tupfen. Mit einer Gabel in einer Schüssel grob zerdrücken. Mandelmehl, Knoblauch, Petersilie, Zitronenschale und Öl hinzufügen; mit Salz und Pfeffer würzen. Alles gut vermischen.
2 Den Fenchelsalat zubereiten.
3 Den Backofengrill auf starke Hitze stellen. Ein Blech mit Backpapier auslegen.
4 Die Muscheln auf dem Blech verteilen. Auf der mittleren Schiene in den Ofen schieben und 4 Minuten grillen, bis sich die Muscheln öffnen. Herausnehmen. Jeweils die obere Schalenhälfte abnehmen; geschlossene Muscheln wegwerfen. Die Kichererbsenbrösel auf die Muscheln geben. Für weitere 3 Minuten in den Backofen schieben, bis die Brösel goldbraun sind.
5 Die Muscheln mit dem Fenchelsalat anrichten; vor dem Servieren von der Zitrone mit einem Zestenreißer dünne Schalenstreifen abnehmen und darüberstreuen.
Fenchelsalat Alle Zutaten in einer großen Schüssel vermischen; mit Salz und Pfeffer abschmecken.

Nährwerte pro Portion Fett 48 g (gesättigte Fettsäuren 7 g), Brennwert 4027 kJ (962 kcal), Kohlenhydrate 39 g, Protein 87 g, Ballaststoffe 10 g
Tipps Geputzte Muscheln sind bei manchen Fischhändlern oder im Supermarkt schon abgepackt erhältlich. Wenn nicht, einfach die Muscheln gründlich abbürsten und den Bart entfernen. Muscheln, die sich nicht schließen, aussortieren.
Vorbereitung Die Kichererbsenbrösel können bereits am Vortag zubereitet und im Kühlschrank aufbewahrt werden.

GEGRILLTE HÄHNCHENSPIESSE MIT KURKUMA-PESTO UND EINGELEGTEN ENOKI-PILZEN

ZUBEREITUNGS- UND GARZEIT 35 MINUTEN (PLUS RUHEZEIT) **PORTIONEN** 4

Sie benötigen 12 Metall- oder Holzspieße.

- 200 g Enoki-Pilze
- 160 ml Reisessig
- 60 ml Reissirup
- 2 TL gelbe Senfsamen
- 12 Hähnchen-Innenfilets (900 g)
- 170 g grüner Spargel, längs halbiert
- 1 EL natives Olivenöl extra
- 60 g junge Spinatblätter
- 1 mittelgroße Limette, in Scheiben geschnitten

KURKUMA-PESTO

- 80 g geriebene frische Kurkumawurzel
- 40 geröstete gesalzene Cashewkerne
- 60 g Paneer-Käse, zerkrümelt (siehe Tipps)
- 1 ½ EL frisch gepresster Limettensaft
- 2 EL natives Olivenöl extra
- ½ TL Chiliflocken

- Salz und frisch gemahlener Pfeffer

1 Den unteren Teil der Enoki-Stiele kappen, die Pilze in eine hitzebeständige Schüssel legen. Essig, Sirup und Senfsamen mit 125 ml Wasser in einem kleinen Topf zum Kochen bringen. Über die Pilze gießen; abkühlen lassen.
2 Inzwischen den Grill oder eine Grillpfanne auf mittlere bis hohe Temperatur vorheizen. Das Fleisch auf Spieße stecken. Fleisch und Spargel mit Öl bepinseln, kräftig mit Salz und Pfeffer würzen. Die Spieße portionsweise etwa 3 Minuten von jeder Seite braten, bis das Fleisch gebräunt und durchgegart ist. Den Spargel 1 Minute pro Seite garen, bis er schöne Grillspuren zeigt.
3 Das Kurkuma-Pesto zubereiten.
4 Spieße, Spargel und Spinat auf einer Platte anrichten; Kurkuma-Pesto darübergeben, mit Salz und Pfeffer bestreuen. Mit eingelegten Enoki-Pilzen und Limettenscheiben servieren.
Kurkuma-Pesto Die Zutaten mit 60 ml kochendem Wasser in den Mixer geben und in kurzen Intervallen zu einer Paste verarbeiten. Mit Salz und Pfeffer abschmecken.

Nährwerte pro Portion Fett 34 g (gesättigte Fettsäuren 7 g), Brennwert 2721 kJ (650 kcal), Kohlenhydrate 26 g, Protein 55 g, Ballaststoffe 4 g
Tipps Holzspieße 15 Minuten vor der Verwendung in Wasser legen, Metallspieße einölen. Im Kurkuma-Pesto kann Paneer durch festen Feta ersetzt werden.
Vorbereitung Das Kurkuma-Pesto kann schon am Vortag zubereitet werden. Da es bei längerem Stehen eindickt, kochendes Wasser bereithalten, um das Pesto vor dem Servieren zu verdünnen.

RIB-EYE-STEAK MIT LAUCHGEMÜSE UND ARTISCHOCKEN

ZUBEREITUNGS- UND GARZEIT 30 MINUTEN (PLUS RUHEZEIT) **PORTIONEN** 4

- 30 g Butter
- 2 mittelgroße Lauchstangen (700 g), gehackt
- 1 Dose Cannellini-Bohnen (400 g), abgespült und abgetropft
- 2 kleine Zucchini (180 g), in lange streichholzdünne Stifte geschnitten
- 125 ml Sahne
- 4 Artischockenherzen aus dem Glas (220 g), abgetropft und längs geviertelt
- 2 TL Zitronensaft
- 2 EL fein gehackte glatte Petersilie
- 4 Rib-Eye-Steaks (à 200 g)
- 2 TL natives Olivenöl extra
- 1 Handvoll Rucolablätter
- etwas glatte Petersilie zum Garnieren
- 1 mittelgroße Zitrone, in Spalten geschnitten

- Salz und frisch gemahlener Pfeffer

1 Die Butter in einer großen Pfanne bei mittlerer Hitze zerlassen. Den Lauch unter Rühren darin anschwitzen, bis er weich, aber nicht gebräunt ist. Bohnen und Zucchini dazugeben und unter Rühren 2 Minuten mitgaren. Mit der Sahne ablöschen und weitere 5 Minuten köcheln lassen. Artischocken, Zitronensaft und Petersilie unterrühren; mit Salz und Pfeffer abschmecken.
2 Inzwischen den Grill oder eine Grillpfanne auf mittlere bis hohe Temperatur vorheizen. Die Steaks mit Öl bepinseln, mit Salz und Pfeffer kräftig würzen. Die Steaks je 2 Minuten oder bis zur gewünschten Garstufe von jeder Seite braten. Auf einen Teller legen und abgedeckt 5 Minuten ruhen lassen.
3 Steaks in Scheiben schneiden, mit Lauchgemüse und Rucola anrichten und mit Petersilie bestreuen. Dazu die Zitronenspalten servieren.

Nährwerte pro Portion Fett 40 g (gesättigte Fettsäuren 20 g), Brennwert 2886 kJ (690 kcal), Kohlenhydrate 19 g, Protein 54 g, Ballaststoffe 16 g
Tipp Anstelle von Rib-Eye-Steak kann man ebenso gut Filet, Sirloin-, T-Bone- oder Rumpsteak verwenden. Sehr gut schmeckt das Gericht auch mit Hähnchenbrustfilets.

Haselnuss-Skordalia

Rote-Bete-Kompott

Romesco

Russische Sauce

Grünes Hummus

Karamellisierte rote Zwiebeln

Saucen und Toppings

Ergänzen Sie ein gegrilltes Steak oder Fleischstück Ihrer Wahl mit einer dieser schmackhaften kalten Saucen oder Ihrem Lieblings-Dip.

HASELNUSS-SKORDALIA

Zubereitungszeit 10 Minuten
Ergibt 325 ml

70 g gehäutete geröstete Haselnüsse, 2 zerdrückte Knoblauchzehen und 70 g Ciabatta ohne Kruste im Mixer fein hacken. 1 ½ EL Zitronensaft, 2 TL Weißweinessig, 60 ml natives Olivenöl extra und 150 ml Wasser hinzufügen und weitermixen, bis eine cremige Sauce entstanden ist. 1 EL fein gehackte frische glatte Petersilie unterrühren. Skordalia mit Salz und Pfeffer abschmecken und mit extra Haselnüssen bestreut servieren.

Passt gut zu Aubergine, Meeresfrüchten und Hähnchen vom Holzkohlengrill.

ROTE-BETE-KOMPOTT

Zubereitungszeit 10 Minuten
Ergibt 400 ml

1 EL Olivenöl in einer mittelgroßen Pfanne erhitzen. 1 kleine grob geraspelte rote Zwiebel (100 g) und 1 EL fein gehackten frischen Rosmarin 2 Minuten bei mittlerer Hitze anschwitzen, bis die Flüssigkeit verdampft ist. 2 geschälte und grob geraspelte mittelgroße Rote Beten (350 g) sowie 180 ml Wasser dazugeben. Abgedeckt unter gelegentlichem Umrühren etwa 10 Minuten garen; 125 ml Vincotto einrühren. Das Kompott im offenen Topf unter gelegentlichem Umrühren noch 10 Minuten eindicken lassen. Abschmecken und abkühlen lassen.

Tipp Vincotto kommt aus Italien und heißt wörtlich „gekochter Wein"; man erhält ihn durch Einkochen von Traubenmost zu einem dicken Sirup. Er ist im italienischen Lebensmittehandel erhältlich.

Passt gut zu gegrilltem Lamm oder Rind sowie zu Gerichten mit Käse.

RUSSISCHE SAUCE

Zubereitungszeit 10 Minuten
Ergibt 125 ml

75 g Mayonnaise, 1 fein gehackte Schalotte, 1 EL Tomatensauce (oder Ketchup), 1 EL fein gehackte Dillgurken und ½ TL Tabasco in einer kleinen Schüssel vermischen. Mit Salz und Pfeffer abschmecken, mit extra Gürkchen servieren.

Passt gut zu Steak, gegrilltem Fisch und Corned-Beef-Sandwiches.

ROMESCO

Zubereitungszeit 10 Minuten
Ergibt 375 ml

260 g abgetropfte geröstete rote Paprikaschoten aus dem Glas in den Mixer geben. Mit 1 halbierten Knoblauchzehe, 80 g gerösteten blanchierten Mandeln, 2 EL Sherry-Essig, 1 TL Räucherpaprika, 2 EL gehackter frischer glatter Petersilie und 125 ml nativem Olivenöl extra glatt pürieren. Mit Salz und Pfeffer abschmecken.

Passt gut zu gegrilltem weißfleischigem Fisch, Lamm und Hähnchen ebenso wie zu geröstetem oder gegrilltem Gemüse.

GRÜNES HUMMUS

Zubereitungszeit 10 Minuten
Ergibt 500 ml

500 g Dicke Bohnen (TK) in einem Topf mit kochendem Wasser etwa 2 Minuten garen, dann abgießen. Unter kaltem Wasser abspülen, dann abtropfen lassen. Die Bohnenkerne enthäuten, dann mit 1 gehackten Knoblauchzehe, 2 Handvoll frischen glatten Petersilienblättern, je 2 EL frischem Estragon und gehacktem Schnittlauch, 60 ml Zitronensaft, 2 EL weißer Tahina, 60 ml nativem Olivenöl extra und 2 EL Wasser glatt prürieren. Mit Salz und Pfeffer abschmecken.

Passt gut zu gegrillten Fischspießen und Meerforelle oder Lachs.

KARAMELLISIERTE ROTE ZWIEBELN

Zubereitungs- und Garzeit 40 Minuten **Ergibt** 500 ml

30 g Butter und 1 EL Olivenöl in einer großen schweren Pfanne bei mittlerer Temperatur erhitzen. 4 mittelgroße (800 g) in dünne Scheiben geschnittene rote Zwiebeln und 1 TL Meersalz unter häufigen Umrühren darin anbraten, bis sie goldbraun und weich sind. 60 ml Rotweinessig, 2 EL Ahornsirup, 1 EL Dijonsenf und 2 TL frische Thymianblätter hinzufügen und die Zwiebeln weitere 5 Minuten köcheln lassen, bis sie karamellisiert sind.

Passt gut zu Steak, Schweinekoteletts und Käse-Sandwiches.

GEGRILLTE JAKOBSMUSCHELN UND ROSA-GRAPEFRUIT-SALAT

ZUBEREITUNGS- UND GARZEIT 30 MINUTEN **PORTIONEN** 4

- 2 mittelgroße rosa Grapefruits (850 g)
- 80 g geputzte Brunnenkresse
- 2 Dosen weiße Bohnen (à 400 g), abgespült und abgetropft
- 3 gelbe Tomaten (375g), in Spalten geschnitten
- 20 Jakobsmuscheln mit Rogen (800 g), geputzt
- 2 EL natives Olivenöl extra

ZITRONENTHYMIAN-GRAPEFRUIT-DRESSING

- 2 Schalotten (50 g), fein gehackt
- 1 TL Zitronenthymianblätter
- 1 TL fein gehackte glatte Petersilie
- 2 EL natives Olivenöl extra

- Salz und frisch gemahlener Pfeffer

1 Von den Grapefruits mit einem scharfen Messer die Schale und die darunterliegende weiße Haut abschneiden. Über einer Schüssel die Fruchtsegmente herausschneiden und die Filets in die Schüssel geben; was von der Frucht übrig ist, auspressen und 2 EL des aufgefangenen Safts für das Dressing beiseitestellen. Brunnenkresse, Bohnen, Tomaten und Grapefruitfilets auf einer großen Platte anrichten.
2 Das Zitronenthymian-Grapefruit-Dressing zubereiten.
3 Den Grill oder eine Grillpfanne stark erhitzen.
4 Die Jakobsmuscheln im Öl wenden, salzen und pfeffern. Von jeder Seite 30 Sekunden grillen, bis sie fast durchgegart sind.
5 Die Jakobsmuscheln auf den Salat geben und mit dem Dressing beträufeln.

Zitronenthymian-Grapefruit-Dressing Die Zutaten mit dem beiseitegestellten Grapefruitsaft in einer kleinen Schüssel vermischen, mit Salz und Pfeffer abschmecken.

Nährwerte pro Portion Fett 23 g (gesättigte Fettsäuren 4 g), Brennwert 2030 kJ (485 kcal), Kohlenhydrate 30 g, Protein 36 g, Ballaststoffe 8 g
Tipp Statt Grapefruit kann man auch Blut- oder Navelorangen verwenden.
Vorbereitung Das Dressing kann 1 Tag im Voraus zubereitet und abgedeckt im Kühlschrank aufbewahrt werden.
Serviervorschlag Wer frische Jakobsmuscheln in der Schale bekommt, kann die Schalen nach dem Auslösen der Muscheln säubern und zum Anrichten verwenden.

PARMIGIANA-PUTENSCHNITZEL MIT OFENGEMÜSE

ZUBEREITUNGS- UND GARZEIT 1 STUNDE 15 MINUTEN **PORTIONEN** 4

4 Putenschnitzel (500 g)

2 Eier

120 g Mandelmehl

1 Knoblauchzehe, zerdrückt

60 ml Olivenöl

175 g Tomatensauce aus dem Glas (siehe Tipps)

120 g Mini-Mozzarellakugeln, in dünne Scheiben geschnitten

2 Romanasalatherzen (360 g), in Spalten geschnitten

OFENGEMÜSE

1 EL Olivenöl

1 kleine Süßkartoffel (250 g), in Spalten geschnitten

1 große Pastinake, in Spalten geschnitten

1 TL Taco-Gewürzmischung

1 Bund junge Rote Beten (500 g), in Spalten geschnitten

Salz und frisch gemahlener Pfeffer

1 Den Backofen auf 220 °C vorheizen.

2 Das Ofen-Gemüse zubereiten.

3 Inzwischen das Fleisch zwischen Plastikfolie oder Backpapier 5 mm dünn klopfen.

4 Die Eier in einer flachen Schale verquirlen. Mandelmehl und Knoblauch in einer zweiten flachen Schale mischen, salzen und pfeffern. Die Putenschnitzel nacheinander zuerst im Ei und dann in der Mandelmischung wenden.

5 Die Hälfte des Öls in einer großen Pfanne bei mittlerer Temperatur erhitzen. Zwei Putenschnitzel von jeder Seite etwa 2 Minuten anbräunen, dann zum Abtropfen auf Küchenpapier legen. Die Pfanne auswischen und in dem restlichen Öl die beiden anderen Schnitzel braten.

6 Das Fleisch auf ein mit Backpapier ausgelegtes Blech legen. Gleichmäßig mit Tomatensauce überziehen und mit Mozzarellascheibchen belegen. Für 5 Minuten in den Ofen schieben, bis der Käse geschmolzen und das Fleisch gerade durchgegart ist.

7 Mit Ofengemüse und Salatherzen servieren.

Ofengemüse Ein Backblech mit Backpapier auslegen, das Papier mit Öl bepinseln. Süßkartoffel- und Pastinakenspalten mit zwei Dritteln der Gewürzmischung und etwas Meersalz in einen großen verschließbaren Gefrierbeutel geben; durch Schütteln vermischen. Das Gemüse auf dem Backblech verteilen. Das Gleiche mit der Roten Bete wiederholen (so kann die Rote Bete die anderen Gemüse nicht verfärben). Das Gemüse etwa 40 Minuten im Ofen garen, dabei einmal wenden.

Nährwerte pro Portion Fett 51 g (gesättigte Fettsäuren 10 g), Brennwert 3289 kJ (786 kcal), Kohlenhydrate 29 g, Protein 48 g, Ballaststoffe 13 g

Tipps Wir haben hier eine Napoletana-Sauce verwendet. Anstelle von Pute kann man auch Hähnchen nehmen.

Vorbereitung Das Fleisch kann bis zu 4 Stunden im Voraus paniert und abgedeckt im Kühlschrank aufbewahrt werden.

GLOSSAR

AGAVENDICKSAFT, AGAVENSIRUP Eingedickter Saft der Agavenpflanze; hat einen niedrigen glykämischen Index, was auf den hohen Anteil an Fruktose zurückzuführen ist (in großen Mengen schädlich).

AHORNSIRUP Eingedickter Saft von Zuckerahornbäumen, die es nur in Kanada und den USA gibt. Maissirup mit Ahornaroma ist kein adäquater Ersatz für den echten.

BOHNEN
Bohnensprossen Zarte junge Keimlinge ausgewählter Bohnenarten; eigens für den Verzehr als Sprossen gezogen.
Cannellinibohnen Kleine weiße Bohnen, die in Aussehen und Geschmack anderen weißen Bohnen ähneln, durch die man sie jederzeit ersetzen kann. Getrocknet oder in Dosen erhältlich.
Dicke Bohnen (Fava-, Ackerbohnen) Getrocknet, frisch, in Dosen und tiefgekühlt erhältlich. Frische werden zuerst aus der grünen Hülse gelöst, anschließend kurz blanchiert und dann enthäutet; bei tiefgekühlten dicken Bohnen lässt sich die Haut nach dem Auftauen entfernen.
Edamame Grün und unreif geerntete Sojabohnen; sie werden mit oder ohne Schote tiefgekühlt angeboten; im Asia-Shop und in gut sortierten Supermärkten erhältlich.
Grüne Bohnen Auch als Busch- und Stangenbohnen bekannt; lange dünne frische Bohnen, die in Salzwasser gekocht werden.
Schwarze Bohnen Die Kerne einer Bohnenart mit erdigem Aroma, getrocknet oder in Dosen im Handel. Nicht zu verwechseln mit den chinesischen schwarzen Bohnen (fermentierte Sojabohnen).
Weiße Riesenbohnen Auch Butterbohnen oder Limabohnen; große weiße Bohnen mit mehliger Textur und mildem Geschmack; getrocknet oder in Dosen im Handel.

BRUNNENKRESSE Pflanze aus der Kressefamilie, einer großen Gruppe pfeffriger Blattpflanzen. Wegen ihrer leichten Verderblichkeit muss sie nach dem Einkauf so rasch wie möglich verarbeitet werden. Für Salate oder Suppen.

BUTTERMILCH Bezeichnete ursprünglich die säuerliche Flüssigkeit, die beim Buttern übrig blieb; heute wird Buttermilch unter Zusetzung spezieller Bakterienkulturen aus entfetteter oder fettarmer Milch hergestellt. Trotz des Namens tatsächlich fettarm.

CHILI
Cayennepfeffer Getrocknete, gemahlene Chilis, vorwiegend
der Sorte Cayenne, die lange, dünnfleischige und extrem scharfe rote Schoten entwickelt. Kann als Ersatz für frische Chilischoten verwendet werden (½ TL gemahlenes Chilipulver ersetzt 1 mittelgroße gehackte frische Chili).
Chiliflocken Getrocknete und mit den Samen grob zerkleinerte Schoten.
Chipotle in Adobo-Sauce Geräucherte, eingelegte Jalapeño-Chilis. In Feinkostgeschäften oder Supermärkten.
Grüne Chilischoten Jede unreife Chilischote sowie einige besondere Sorten, die auch im reifen Zustand grün bleiben, wie Jalapeño, Habanero, Poblano oder Serrano.
Jalapeño Ziemlich scharfe mittelgroße rundliche dunkelgrüne Chilischote; eingelegt in Dosen oder Gläsern oder aber frisch beim Gemüsehändler erhältlich.
Lange Chilischoten Sowohl frisch als auch getrocknet erhältlich; mittelscharf, dünn und etwa 6–8 cm lang.

CHINAKOHL Auch Peking- oder Japankohl genannt; hat eine längliche Form und blassgrüne, gekräuselte Blätter.

DAIKON Japanischer Rettich mit wunderbar süßem Aroma. Das Fruchtfleisch ist weiß, das Äußere kann sowohl weiß als auch schwarz sein. Kaufen Sie feste und pralle Exemplare.

FISCHSAUCE Asiatisches Würzmittel aus pulverisiertem gesalzenem fermentiertem Fisch, meist aus Sardellen. Wegen des scharfen Geruchs und kräftigen Geschmacks sparsam verwenden. Die thailändische Variante heißt Nam pla, die vietnamesische Nuoc mam.

FÜNF-GEWÜRZE-PULVER Eine duftende Mischung aus gemahlenem Zimt, Nelken, Sternanis, Szechuanpfeffer und Fenchelsamen.

GHEE Eine Art Butterschmalz, das in der indischen Küche verwendet wird; die festen Milchbestandteile werden erhitzt, bis sie goldbraun sind, was dem Schmalz ein nussig-süßes Aroma verleiht; es kann hoch erhitzt werden, ohne zu verbrennen.

HARISSA Eine marokkanische Paste aus getrockneten Chilischoten, Kreuzkümmel, Knoblauch, Öl und Kümmelsamen. Erhältlich in arabischen Lebensmittelläden und Supermärkten.

JOGHURT, GRIECHISCHER Fester Joghurt mit 10 % Fettgehalt, erhältlich in den meisten Supermärkten.

KAPERN Die bläulichgrünen Knospen eines mediterranen Strauchs, die in Salz oder Essig konserviert werden. Vor der Verwendung abspülen.

KNOLLENSELLERIE Knollige Wurzel mit knubbliger brauner Schale, weißem Fleisch und aromatischem Geschmack. Geschälten Sellerie in gesäuertes Wasser legen, um Verfärbungen zu vermeiden.

KÄSE

Cheddar Ein Kuhmilchkäse, ursprünglich aus Großbritannien. Er sollte gereift und fest sein und ein kräftiges Aroma besitzen.

Feta Ein bröckliger Käse aus Schafs- und/oder Ziegenmilch mit scharfem, salzigem Geschmack, ursprünglich aus Griechenland. In salziger Molke gereift.

Frischkäse Ein weicher Kuhmilchkäse mit einem Fettgehalt zwischen 14 und 33 %.

Gorgonzola Cremiger italienischer Blauschimmelkäse mit mildem Geschmack; ideal zu Obst und zum Würzen von Saucen.

Gruyère, Greyerzer Ein Schweizer Käse mit harter Rinde, kleinen Löchern und nussigem, leicht salzigem Geschmack.

Halloumi Ein fester, in Salzlake gereifter Schafskäse; Halloumi kann, ohne zu zerlaufen, gegrillt und frittiert werden. Er sollte noch warm serviert werden, da er beim Abkühlen gummiartig wird.

Hüttenkäse Frischer, weißer ungereifter Frischkäse mit körniger Konsistenz und einem Fettgehalt von 15 bis 55 %.

Mozzarella Weicher Knetkäse aus Süditalien, wo er traditionell aus der Milch der Wasserbüffel hergestellt wurde. Heute wird er meist aus Kuhmilch gemacht und ist wegen seines günstigen Schmelzverhaltens der beliebteste Pizza-Käse.

Paneer ist ein indischer Käse und in gut sortierten Supermärkten oder indischen Lebensmittelläden erhältlich.

Pecorino Italienischer Käse aus Schafsmilch, hart und weiß bis blassgelb. Falls nicht erhältlich, durch Parmesan ersetzen.

Ricotta Weicher, süßer, feuchter weißer Kuhmilch-Käse mit niedrigem Fettgehalt und leicht körniger Textur. Übersetzt bedeutet der Name soviel wie „wieder gekocht“ und bezieht sich auf die Gewinnung des Ricottas aus einer Molke, die selbst bereits Nebenprodukt anderweitiger Käseherstellung ist.

MEHL

Kichererbsenmehl Gelblich-weißes Mehl aus Kichererbsen; sehr nahrhaft. Im Handel auch als Besan oder Gram Flour.

Mandelmehl, Nussmehl wird aus fein gemahlenen und entölten Mandeln oder Nüssen hergestellt.

Mehl Gewöhnliches Weizenmehl Type 405

Vollkornmehl oder Vollweizenmehl; da es mit dem Keim vermahlen wird, ist es ballaststoffreicher und nahrhafter als gewöhnliches Weizenmehl.

KECAP MANIS Indonesische Sojasauce mit Zucker und Gewürzen. Die Süße verdankt sie dem Hinzufügen von Melasse oder Palmzucker.

KURKUMA oder Gelbwurz ist eine mit Galgant und Ingwer verwandte Pflanze. Die Wurzel kann frisch oder getrocknet und gemahlen verwendet werden. Sie verleiht Speisen eine goldene Farbe und ein bitteres, intensives Aroma. Frische Kurkuma kann durch das leichter erhältliche Pulver ersetzt werden.

LSM Gemahlene Mischung aus Leinsamen (L), Sonnenblumenkernen (S) und Mandeln (M).

MIRIN Champagnerfarbener japanischer Kochwein; hergestellt aus Klebreis und Alkohol, ist er ausdrücklich fürs Kochen bestimmt. Nicht mit Sake zu verwechseln.

MISO Paste aus fermentierten Sojabohnen; in der japanischen Küche sehr beliebt.

NORI Getrockneter Seetang zum Würzen, Garnieren oder für Sushi. In dünnen Blättern und auch geröstet (Yaki-nori) erhältlich.

ÖL

Erdnussöl Wird aus gemahlenen Erdnüssen gepresst; wegen seines hohen Rauchpunktes das am häufigsten verwendete Öl der asiatischen Küche.

Kokosöl Wird aus Kokosnüssen gewonnen; die beste Qualität kommt als natives Kokosöl in den

Handel. Bei der Pressung dürfen keine Raffinierungsverfahren zum Einsatz kommen.
Olivenöl Wird aus Oliven gepresst. Natives Olivenöl extra bzw. natives Olivenöl bezeichnen Öl aus der ersten bzw. zweiten Pressung der Oliven.
Pflanzenöl Jedes Öl, das aus Pflanzenteilen gewonnen wird.
Reiskeimöl Aus Reiskleie gepresstes Speiseöl.
Sesamöl Das Öl aus gerösteten Sesamsamen findet wegen seines ausgeprägten Aromas eher als Geschmackszutat und weniger als Bratfett Verwendung.

PANKO Asiatische Semmelbrösel. Es gibt sie in zwei Varianten: grob und fein. Beide haben eine leichtere Textur als westliche Semmelbrösel. Man findet Panko in asiatischen Lebensmittelläden und vielen Supermärkten.

POLENTA Sowohl das aus Mais hergestellte, gröbere oder feinere Mehl, als auch das daraus zubereitete Gericht.

QUINOA Samen einer spinatähnlichen Blattpflanze. Sie besitzt einen leicht nussigen Geschmack und eine weiche Konsistenz. Für **Flocken** werden die Körner zwischen Walzen flach gedrückt.

RADICCHIO Ein italienischer Chicorée mit roten Blättern und frischem bitteren Geschmack, der roh und gegrillt verzehrt wird. Nach ihrer Herkunftsregion werden etwa der rundliche Verona oder der längliche Treviso unterschieden.

REISSIRUP Auch als brauner Reissirup oder Reismalz im Handel; hergestellt durch Verkochen von Naturreismehl mit Enzymen, um dessen Stärke in Zucker aufzuspalten.

SCHWARZKOHL Auch als Toskanischer oder Palmkohl bekannt. Er besitzt lange, schmale, gekräuselte Blätter und ein volles, herbes, mildes Kohlaroma. Anders als Mangold oder Spinat fällt er beim Garen nicht zusammen, benötigt jedoch mehr Zeit.

TAHINA Gemahlener Sesam. Wird in der nahöstlichen Küche, vor allem in der libanesischen, für Dips und Saucen verwendet.

TAMARI Dicke dunkle Sojasauce aus Japan, ganz ohne Weizen hergestellt.

TAMARINDENPASTE Aus Tamarindenmark gewonnene gebrauchsfertige Paste. Im Asia-Shop erhältlich.

TOFU oder Sojabohnenquark ; eine cremefarbenes, schnittfestes Produkt, hergestellt aus der „Milch" der Sojabohnen. Frischer Tofu kann weich oder fest sein. Im Kühlschrank hält er sich in Wasser (täglich wechseln) bis zu 4 Tage.

WASABI-PASTE Scharfer japanischer Meerrettich; gebrauchsfertig in der Tube.

XANTHAN Ein Verdickungsmittel, das normalerweise durch die Fermentierung von Maiszucker gewonnen wird. Beim Kauf auf den Aufdruck „hergestellt aus fermentiertem Maisszucker" achten. Erhältlich in Bioläden.

ZWIEBELN
Frühlingszwiebeln Junge Zwiebeln mit langem, grünem Halm, die geerntet werden, ehe sich die Knolle ausgebildet hat.
Rote Zwiebeln Zeichnen sich durch milden Geschmack aus.
Schalotten Länglich, mit brauner Schale und rötlichem Inneren.

REGISTER

T

W

Z